# Online Store Customer Service and Management

# 网店客户服务与管理

主　编　刘志强　杨　婷
副主编　郭瑞姝　尹文凤　王玉玺　李　丹
　　　　李　静　许玲慧

電子工業出版社
Publishing House of Electronics Industry
北京 · BEIJING

**图书在版编目（CIP）数据**

网店客户服务与管理 / 刘志强，杨婷主编. —北京：电子工业出版社，2021.2
ISBN 978-7-121-40247-0

Ⅰ.①网… Ⅱ.①刘… ②杨… Ⅲ.①网络营销－营销服务－高等学校－教材 Ⅳ.①F713.365.2

中国版本图书馆 CIP 数据核字（2020）第 256079 号

主　　编：刘志强　杨　婷
副 主 编：郭瑞姝　尹文凤　王玉玺　李　丹　李　静　许玲慧
编　　委：徐立娟　曹晓波　公维艳　李　萍　闫鲁平　臧昭涵　石志远　王凤玲

---

责任编辑：马　杰
文字编辑：吴宏丽
印　　刷：北京虎彩文化传播有限公司
装　　订：北京虎彩文化传播有限公司
出版发行：电子工业出版社
　　　　　北京市海淀区万寿路 173 信箱　　　邮编：100036
开　　本：787×1092　1/16　　印张：10　　字数：240 千字
版　　次：2021 年 2 月第 1 版
印　　次：2022 年 9 月第 2 次印刷
定　　价：49.80 元

凡所购买电子工业出版社图书有缺损问题，请向购买书店调换。若书店售缺，请与本社发行部联系，联系及邮购电话：（010）88254888，88258888。

质量投诉请发邮件至 zlts@phei.com.cn，盗版侵权举报请发邮件至 dbqq@phei.com.cn。

本书咨询联系方式：（0532）67772605，邮箱：majie@phei.com.cn。

# 目录

# 1 电商时代的新产物

电子商务(简称电商)是以网络技术为手段，以商品交易为中心的商务活动，也可理解为在互联网(Internet)、企业内部网(Intranet)和增值网(VAN，Value Added Network)上以电子交易方式进行交易和相关服务的活动，是传统商业活动各环节的电子化、网络化与信息化。

伴随着电子商务的发展，衍生出众多新职业，网店客服便是其中最重要的职业之一。随着移动互联网的快速发展，许多企业积极地利用企业的传统渠道以及服务优势强势进入电子商务领域，加快了电子商务的进一步发展，优化了电子商务环境，让电子商务不再局限于单纯的网络上的交易，而是逐步渗透到企业运营的各个环节。在进行电子商务活动的过程中，客户通过网络平台对商家提供的商品或服务进行咨询或购买是其中最重要的环节，也是提升各个网店客户转化率的重点。

## 1-1 网店客服

在网店把商品或服务销售给客户的过程中，网店客服从事为客户提供解答和售后的服务。本书中的“网店客服”主要是指通过阿里巴巴网络技术有限公司提供给淘宝商家的在线客户服务系统，帮助淘宝商家更高效地管理网店，及时把握商业消息，从容应对繁忙生意的广大从业人员。目前网店客服的分工已相当细致，例如，有通过聊天工具、电话来解答客户问题的客服；有专门帮助客户更好地挑选商品的导购客服；有专门处理客户投诉的客服；还有专门帮店主打包的客服，等等。网店客服既有全职的也有兼职的，在线时间长、打字速度快、耐心有礼貌是对网店客服工作的基本要求。

### 1-1-1　网店客服的重要社会意义

① 行业背景：随着电子商务(以下简称为电商)的发展，就业机会越来越多。据统计，2019 年天猫双 11 当天成交额高达 2684 亿元，如图 1-1 所示。电商平台的发展带动了实体经济的发展与高就业增长率。电商的规模性发展，对经济社会生活的影响不断增大，电商正在成为我国经济发展的新引擎。

图 1-1

② 就业前景：目前淘宝网店有百万家以上，如果每个网店平均需要 2 个客服，仅淘宝客服就能创造 200 多万个就业机会。网店客服依托于网络购物成了新的职业，成为人们就业的重要机会。

### 1-1-2　网店客服的工作内容

网店客服在网店的推广、商品的销售以及售后服务方面起着重要的作用。网店客服(以下在不会引起误解的情况下，有时把网店客服称为客服)的工作内容主要包括以下几个方面。

① 塑造网店形象。对于网店而言，客户看到的商品都是一张张的图片，既看不到商家本人，也看不到商品本身，不能直接了解各种实际情况，因此，往往会产生距离感和怀疑感。这时，客服就显得尤为重要了。客户通过与客服在网上交流，可以逐步了解网店提供的商品或服务。客服的一个笑脸(阿里旺旺表情符号)或者一声

亲切的问候，都能让客户真实地感觉到他不是在跟冷冰冰的计算机和网络打交道，而是跟一个善解人意的服务人员在沟通，这样可以让客户放松心情，在心目中逐步树立起对网店的良好形象。

② 提高成交率。很多客户都会在购买前向商家询问商品信息、优惠方式、服务内容等。客服在线随时回复客户的疑问，可以让客户及时了解需要的信息，从而促使交易更愉快地达成。有时客户拍下商品，但并没有立即付款，这时客服可以及时跟进，通过向客户核实地址、询问汇款方式等促使客户及时付款购买。

③ 提高客户回头率。当客户在客服的良好服务下，完成了一次交易后，客户不仅了解了商家的服务态度，也对商品、物流等有了切身的体会。当客户需要再次购买同样的商品时，就会倾向于选择他所熟悉和了解的商家，从而提高了客户的回头率。

④ 更好地服务客户。网店客服与客户在购物过程中的网上交流，仅仅是服务客户的第一步。一个拥有专业知识和良好沟通技巧的客服，可以给客户提供更多的购物建议，解答客户的疑问，快速地对售后问题给予答复，更好地为客户提供服务，从而获得更多完成交易的机会。

网店客服的工作流程主要包括咨询、解答、推荐相关商品、促成订单、确认订单、建立客户档案、跟踪客户等，具体流程见图 1-2。

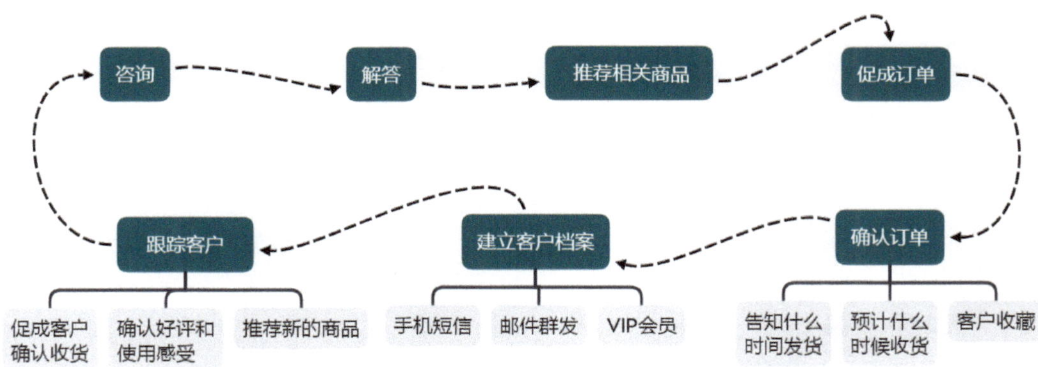


图 1-2

### 1-1-3 网店客服晋升轨迹

客服：网店客服是网店所有工作岗位的基础。客户在购买商品时，会首先考虑商品是否安全、有效。在交流过程中，客户需要良好的沟通与必要的尊重，因此专业的商品知识储备与良好的沟通能力是网店客服应该不断学习与积累的知识和技能。

客服主管：客服主管的重点工作是协调所有客服人员的工作。网店客服通过提升自己的能力，可升级成客服部负责人或主管。与客服相比，客服主管应学习掌握更多的管理知识和沟通技巧。

## 1-2 网店客服与企业的关系

### 1-2-1 认同企业文化

可以把一个网店认为一个企业。企业文化的基本架构是由经营哲学、价值观念、团队精神、道德标准、团队意识、对外形象、制度规范、文化理念、使命目标等要素组成的。作为一名合格的网店客服，在认同企业文化的同时，还要树立正确的职业价值观，包括：服务为本、以客为尊、团结协作、求实创新、诚实守信、开拓进取、务实敬业。

### 1-2-2 认同企业组织构架

规模较大的网店，其企业组织构架大致由店长、市场部、营销策划部、推广部、仓储、客服等几大部分构成，如图 1-3 所示。

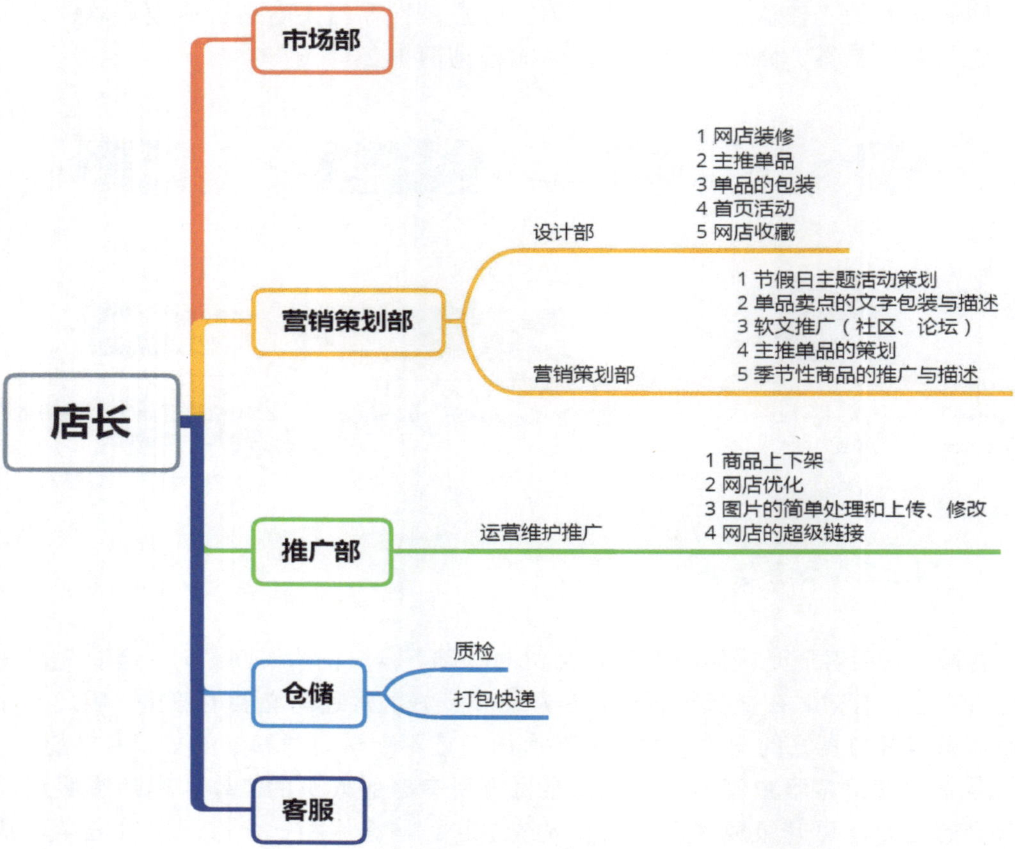


图 1-3

网店客服占据其中的售前和售后几大重要节点位置，其职责包括以下几点。

① 负责收集客户信息，了解并分析客户需求，规划客户服务方案。

② 负责进行有效的客户管理和沟通，发展、维护良好的客户关系。

③ 定期或不定期进行客户回访，以检查客户关系维护的情况。

④ 负责商品的售后服务工作。

⑤ 建立客户档案、质量跟踪记录等售后服务信息。

⑥ 负责及时跟踪商品发货动向，及时与客户沟通，避免客户不满意引起投诉。

### 1-2-3 如何成为一名合格的网店客服

目前，做电商的人越来越多了，成功者屡见不鲜，无论是电商的哪个平台，客服都是其中重要的组成部分。做一名合格的网店客服，并不是一件很容易的事情。很多人会把网店客服简单地想成：接单、整理资料、下单等工作。其实一个合格的网店客服对团队起着重大的作用，因为他们是最直接接触客户的人，一个合格的网店客服往往能留住很多客户，促成很多交易，给网店带来利润，是网店财富的最直接的创造者。要成为一名合格的网店客服需要具备以下几点。

① 责任心：要把自己的岗位当成最重要的岗位，就必须具备良好的责任心。网店客服是网店的形象大使，对待客服工作要尽职尽责，不能做只会应答的机器人。

② 耐心：网店客服与客户交流时要有耐心。有的客户问的问题多而琐碎，且对商品存有疑虑，这就需要网店客服耐心地解释和解答。

③ 细心：网店的商品繁多，接触的客户也多，一点点儿的错漏和贻误，都会耗费更多时间和精力来处理，所以需要网店客服用心地了解每一件商品和细心周到地对待每一位客户。

④ 同理心：把自己当成客户，换位思考，体会客户的处境和需求，第一时间给客户推送合适的商品，提供及时的在线服务。

⑤ 自控力：控制好自己的情绪。作为一名服务工作者，网店客服的心情好坏会直接影响客户的消费行为。网上形形色色，什么样的人都有，有的好说话，有的不好说话，遇到不好说话的客户要控制好自己的情绪，耐心解答，有技巧地应对，服务时严禁把个人情绪带到工作中。

## 1-3 网店客服应具备的基本知识、心理素质与交流技巧

### 1-3-1 网店客服应具备的基本知识

① 商品的专业知识：网店客服首先要了解所售商品的各种信息，如种类、材质、尺寸、用途、注意事项等，了解行业的相关知识，以及商品的使用方法、洗涤方法、修理方法等。

② 网站交易规则：网店客服应该把自己放在商家的角度来了解、学习淘宝的交易规则，以便更好地把握交易的尺度。碰到第一次在网上购物的客户，要耐心地告知和引导客户查看淘宝交易规则，一步步引导客户按正确的网上购物流程进行操作。

③ 支付宝的流程和规则：了解支付宝交易的原则和时间规则，指导客户通过支付宝完成交易，查看支付宝交易的状况，更改现在的交易状况等。

④ 熟悉物流的情况：了解不同物流公司的配送方式、价格、速度、联系方式、查件方法。

### 1-3-2 网店客服应具备的基本心理素质

① 微笑是对客户最好的欢迎。网店客服与客户在线上交流，虽然互相看不到，但客户在言语之间可以感受到客服的诚意与服务。可以多用些表情图片，给客户传达你要表达的情感信号。

② 保持积极的态度，树立客户永远是上帝的理念，打造优质的售后服务。当售出的商品有了问题时，不论是客户的问题还是物流公司的问题，都应该及时解决，而不是回避、推脱。要积极主动与客户沟通，对客户的不满与反馈意见要及时回应，尽量让客户觉得自己的意见是受重视的。能处理的问题在第一时间尽快处理，能补发货的尽快补发。客服除了促成与客户之间的交易之外，更应该让客户感觉到购物的乐趣和满足。

③ 礼貌待客、多说“谢谢”。让每一位进店的客户真正感受到被尊重。“欢迎光临，请多多关照。”“欢迎光临，请问有什么可以帮忙吗？”诚心诚意问好会让人有一种亲切感，并且能培养感情，客户的抵触心理就会减弱或消失。有时客户只是到网店里随便浏览，客服也要诚心地对客户说声感谢：“感谢光临本店，有任何需要或者不明白，我随时在线为您解答。”诚心致谢是一种心理投资，不需要很多付出，却可以收到非常好的效果。当客户及时完成付款、很痛快地达成交易时，客服应该衷心地对客户表示感谢，谢谢客户配合了自己的工作，谢谢客户为自己节约了时间，谢谢客户给了自己一个愉快的交易过程。

④ 坚守诚信。网络购物方便快捷，但是在收到商品前看不到、摸不着商品。客户面对网店商品难免会有疑虑和戒心，所以客服要真诚地对待客户，包括诚实地解答客户的疑问，诚实地告诉客户商品的优缺点，诚实地向客户推荐适合他的商品。坚守诚信还表现在一旦应允客户的要求，就应该切实履行承诺。哪怕自己吃点亏，也不能出尔反尔。

⑤ 凡事留有余地。在与客户的交流过程中，不要用“肯定”“保证”“绝对”等词语，这不表示售出的商品是次品，也不表示对客户不负责任，而是不让客户有失望的感觉。因为每个客户在购买商品的时候都会有一种期望，如果你满足不了客户的期望，最后就会让客户失望。你能保证仓库发货时能按照你的要求发小礼物吗？能保证出售的商品物流公司不延误吗？不会丢失吗？不会被损坏吗？为了不让客户失望，最好不要轻易做保证。如用“正常情况下”“尽量”“努力”“争取”等词汇，效果会更好。多给客户一点儿真诚，也给自己留一点儿余地。

⑥ 处处为客户着想，用诚心打动客户。凡事要多站在客户的立场，想客户之所想、急客户之所急。把自己变成一个客户助手，尽量为客户争取到最大的优惠，在客户购物过程中，可以介绍套餐、多件包邮等活动。以诚挚感动客户、以真心引导客户是最成功的方法。多换位思考有利于理解客户的意愿。当遇到不理解客户想法的时候，不妨多问问客户是怎么想的，然后把自己放在客户的角度去体会他的心境。

⑦ 多虚心请教、多听听客户的声音。了解清楚了客户的情况和需求，知道了客户属于哪一类消费者，才能仔细对客户定位。努力做到只介绍对的，不介绍贵的商品给客户。做到以客为尊，满足客户需求。当客户犹豫不决或不明白的时候，客服应该先问清楚客户因为什么而困惑，如果是客户表述不清楚，客服可以把自己的理解告诉客户，询问自己是否理解正确，然后针对客户的疑惑给予解答。

⑧ 要有足够的耐心与热情。客服常常会遇到一些喜欢打破砂锅问到底的客户。这时候就需要耐心热情地认真回复，给客户信任感。有些客户问完了所有问题也不一定会立刻购买，但客服不能表现出不耐烦，就算客户不买也要说声“欢迎下次光临”，给客户留下好印象会增加客户的复购率。

### 1-3-3 网店客服应具备的基本交流技巧

① 做专业卖家，给客户精准推介。不是所有的客户对网店的商品都了解和熟悉。当客户对商品不了解时，在咨询过程中，客服需要熟悉商品并掌握一定的专业知识，才能更好地解答客户提出的问题，用最短的时间帮助客户找到适合的商品。如果客服对客户的询问一问三不知，客户对网店就会产生不信任感，也不会在你的网店里买东西了。

② 使用活泼生动的语言与客户沟通。在阿里旺旺上和客户对话，应该尽量使用活泼生动的语言，不要让客户感觉到你在怠慢他。虽然很多客户会想“哦，他很忙，所以顾不过来”，但是客户还是会觉得被忽视了。这时如果实在很忙，不妨客气地告诉客户：“对不起，我现在比较忙，可能会回复得慢一点儿，请理解。”这样客户也会理解并体谅你。回答客户问题时，尽量使用完整客气的句子来回答，避免用“是”“是的”“好的”“不行”“不议价”等简短生硬的话语进行回复。阿里旺旺提供了大量生动活泼的表情符号，能准确传情达意，与客户聊天时可以多使用表情符号。

③ 通过阿里旺旺的状态设置，可以给网店做宣传。比如在状态设置中写一些优惠措施、推荐商品、活动结束或开始的倒计时等。如果暂时离开，可以设置“自动回复”，不至于让客户觉得自己没人搭理。也可以在自动回复中加上一些自己的话语，都能起到意想不到的效果。

④ 遇到问题多的客户，多检讨自己，少责怪对方。遇到问题时，先想想自己有什么不对的地方，诚恳地向客户检讨自己的不足，即使是客户的错也不能指责客户。比如有些内容明明在网页上写了但是客户没有看到，这个时候不要指责客户不好好看商品说明，而应该反省自己有没有及时提醒客户。

⑤ 表达不同意见时尊重对方立场。当向客户表达不同的意见时，要体谅和理解客户，多用“我理解您现在的心情，目前……”或者“我也是这么想的，不过……”的句式来表达，这样客户会感觉到你也是在体会他的想法，能够站在他的角度思考问题。同样，他也会试图站在你的角度来考虑问题。

⑥ 认真倾听，先了解客户的情况和想法，再做判断和推荐。有时客户常常会用一个没头没尾的问题来开头，比如“我给朋友送哪个好？”或者“这个好不好？”这时不要着急去回复他的问题，而应先问清客户是什么情况、需要什么样的商品，如果客户也不是很清楚，就需要客服来帮他分析，然后站在他的角度来推荐合适的商品。

⑦ 保持相同的谈话方式，与客户的谈话步调一致。如果客户谈话严谨，客服就需要用专业的态度去回复；如果客户说话方式轻松俏皮，这时就不适合一板一眼地回复。有的客服习惯使用网络语言，而有的客户不太接受网络语言，甚至不理解网络语言，这时就会形成交流障碍。因此，客服和客户交流的时候，不要使用太多的网络语言。

⑧ 坚持自己的原则。在网上销售的过程中，客服经常会遇到讨价还价的客户，这时应当坚持自己的原则。例如，若商家在制订价格时已经决定不再议价，那么客服就应该向要求议价的客户明确表示这个原则。

比如邮费，如果客户没有符合包邮优惠条件，这时给客户包邮了，钱是小事，但会产生不好的影响，会给客户留下网店商品与价格不成正比、经营管理不正规的印象。客户下次来购物时，还会要求和上次一样的特殊待遇，或进行更多的议价，这样客服就需要投入更多的时间成本来应对了。

# 2 金牌客服修炼技巧

绝大多数的淘宝商家，尤其是中小商家，把大部分精力都放在争取客户流量上。其实客户流量仅仅是做电商的第一步，让客户流量实现最大价值的方式是如何提高流量转化率和客单价(平均交易金额)。在这方面，客服有不可替代的作用。在客户流量越来越宝贵的今天，更好地把握住每一个流量至关重要。淘宝网店店主经常忽视网店客服环节，认为客服只是与客户聊聊天、管管售后服务等，殊不知客服的询单转化、谈单等技巧都是提高网店销量的重要因素。本章我们将学习与客户沟通的技巧。

## 2-1 确定客户的类型

网店客服从事的是考验智商和情商的工作，面对不同的客户，客服要用不同的方式来对待，客服要了解自己的目标客户人群，这样沟通时才有针对性。例如，面对青少年客户时，客服要表现得活泼；面对中老年客户时，客服要表现得亲切、专业和稳重。下面分析几种不同类型的客户和应对技巧。

### 2-1-1 新手型客户

新手型客户可能是淘宝网购的新手，也可能是第一次来你的网店，对要购买的商品不是非常了解。客服通过简单的沟通发现客户是新手型客户后，客服对自己的定位就应该是一个商品专家，客服说什么客户就会听什么，只要能够适当地引导，并针对客户的需求合理地推荐，基本上就能够成交。

### 2-1-2　专家型客户

专家型客户是指经常购买网店经营的同类商品，甚至可能是从事这类商品经营的人。此类客户对商品的了解程度可能比客服更深。这时，客服要将客户定位为专家，客服不需要过多地解释商品的性能或成分等知识，与客户沟通时要热情，用网店提供的完善服务打动他。否则，如果客服说错一个商品特点，客户对客服的专业能力与商品的质量就会留下非常不好的印象。

**案例 1**

我们的网店是卖女鞋的，我们卖的女鞋有两种材质，一种是真皮的，一种是 PU 皮的，真皮又分为头层皮、二层皮、三层皮等。

有一次，一个做皮革的客户来买鞋，一来就问是不是头层皮等很专业的问题，我认识到这个客户对皮革知识很了解，就实话实说地告诉他，他看中的鞋是二层皮的，头层皮的鞋要贵 100 多元，然后介绍了我们店的售后以及保障服务，后来这个客户成了我们的老客户，他说在其他网店问这个问题时，其他网店的客服都说是头层皮，买回来发现是二层皮的，结果发生了很多不愉快的事，因此他觉得我们更加真诚，所以相信我们的鞋！

### 2-1-3　话痨型客户

遇到话痨型客户，客服都会很无奈，也不能直接拒绝，而这类客户又会说个没完没了。这时，客服应把客户定位为朋友，与客户沟通时要体现人情味，除了聊天外，还要时不时地说一些引导性的话，试探一下他是否真想买，还是因为无聊只想找个人聊聊天，比如可以这样说："大哥，您看我都陪您聊了这么久了，这款商品你喜欢吗？喜欢的话我给你送点礼物吧，你拍下商品，我这边给您备注。"试探客户的购买意向，如果客户一直在转移话题，跟客服继续聊天，这时客服就可以半理不理地对待他，不需要在此类客户身上花费太多的时间和精力。

## 2-2　客服的售前准备

要成为一名合格的客服，需要对所经营的商品提前做好功课，面对客户询问才能对答如流。

### 2-2-1 对商品的准备

客服首先要了解所经营商品的长度、纯度、容量、重量、大小等信息。例如，常见服装型号有两种标法：一是用XS、S、M、L、XL号表示；二是身高加胸围的形式表示，如160/80A、165/85A、170/85A等。

客服要充分了解商品的特性与卖点，清楚所经营的商品和其他商品的不同特点和功效等。例如，卖生鲜或者易碎商品，一定要突出包装能够保证商品完好。客服要熟悉网店所经营的商品，了解哪款商品转化率高，哪款商品利润高，哪款商品是新品，做好关联销售，合理地进行推荐。

### 2-2-2 对活动的准备

了解淘宝官方活动的规则，对客服工作有很大的帮助。如天天特价、淘抢购、类目活动等。了解参加活动的商品，确定活动时间、活动类型、活动对象，能够很大程度地提高客户流量的转化率，降低售后纠纷。了解网店活动，如满减、搭配套餐、限制折扣、红包、网店VIP设置等。做好活动，可以提高网店的客户流量转化率和客单价。做活动时要提前做好与客户沟通的预案。了解快递情况，给客户最准确的答复，提高客服的工作效率。

### 2-2-3 心理上的准备

客服每天会接触很多不同性格的客户，所以保持良好的心态非常重要，客服在工作中要做好以下心理准备：

① 尊重他人，在工作中积极主动地为客户解决问题。

② 换位思考，有效沟通。不冷漠，不推诿，在坚持原则的基础上，正确实现客户和网店都满意的目标。

③ 有强烈的服务意识和熟练的接待技巧，面对纠纷隐患能够准确地预测、评估情况并妥善处理。

④ 决策前积极发表建设性意见，充分参与团队讨论；决策后，无论个人是否持有异议，必须认真执行。

⑤ 积极主动分享业务知识和经验，主动给同事以必要的帮助。善于利用团队的力量解决问题和困难，善于和不同类型的同事合作。不将个人喜好带入工作中，把握好“对事不对人”的原则。

⑥ 今天的事不推到明天，遵循必要的工作流程，不因失误产生重复性错误。

## 2-3 客服的售中服务

客户在浏览网店商品的时候，难免会产生一些疑惑，要解决这些疑惑就需要客服细致而周到的解答。每天按时上线，与客户沟通，为客户解决疑惑，促成订单成交是网店客服的主要工作任务。

### 2-3-1 与客户沟通的基本原则

优秀客服在与客户沟通时，微笑是对客户最好的欢迎。由于在网络中，客户看不到客服的微笑，客服只能通过表情来表达，所以应善用表情图片，如图 2-1 所示。态度热情，多用语气词，拉近与客户之间的距离；多用“请”“谢谢”“受累”等礼貌用语；回复的内容要比客户多；不直接否定客户，禁止任何与客户发生争执、对骂的行为，以肯定的方式表达否定的意义；赞美客户，如赞美客户的审美、眼光等；妥协，但一定要有条件；如果客户不说话，客服一定要去找话题。

保持积极的态度。在服务客户的过程中，很可能会出现一些争议，这时千万不要跟客户进行辩论，特别是客户提到诸如快递慢、包装差等问题时，即使不是你的问题，也不要推卸给别人，勇于承认然后内部解决。

在与客户沟通时，要避免出现六“不要”：不要说“不行，不可以”；不要只说一个字；不要频繁使用快捷回复；不要直接拒绝客户；不要打断客户；不要不及时通知客户发生的变故。

图 2-1

### 2-3-2 与客户沟通的流程与方法

多帮客户挑选商品。很多客户都有选择困难症，会纠结到底选哪个商品更好。这时，如果客服能够给客户一个好的建议，客户会非常高兴。

多换位思考有利于理解客户的意愿。客户买东西有时是给自己买的，有时是送长辈或朋友的，这时如果你能够了解客户的处境，从客户的角度去考虑问题，就能得到很好的推荐效果。比如，客户想买送给女朋友的生日礼物，给女朋友一个惊喜，这时客服就应该了解客户的需求，站在客户的角度上去想，给客户推荐一些比较浪漫的商品。

要充分了解客户，推荐网店相关的商品，这是客服的关键技能。客服需要给客户推荐什么商品？是与入口商品相似的商品，还是网店主推商品，抑或是利润高的商品，都需要客服对客户进行相关的了解和定位，如图 2-2 所示。

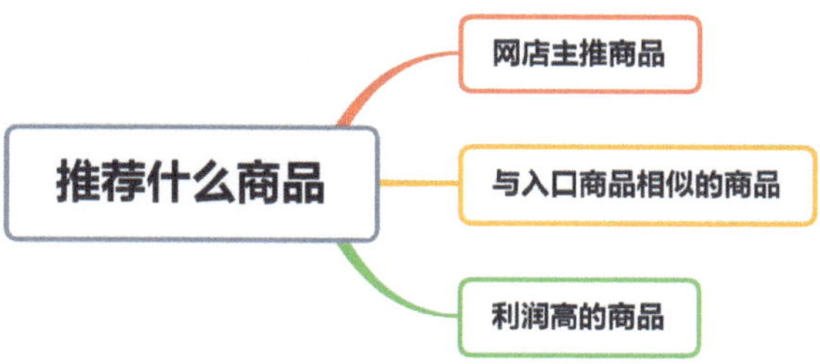


图 2-2

如何推荐自己的商品呢？首先要避免只推荐一款商品。如果客服只推荐一款商品，那么客户的思路就是买与不买的问题；如果客服推荐多款商品，客户所考虑的会是买哪一款的问题。但是，也要注意不要给客户推荐太多商品，那样会引起客户的选择困难或反感，如图 2-3 所示。

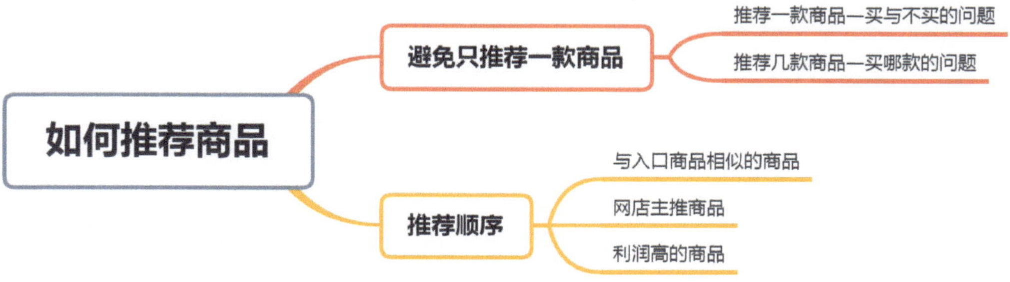


图 2-3

**案例 2**

路边有两家粥店，左边这家粥店和右边那家粥店每天的客流量和售卖的单价都相差不多。然而晚上结算时，左边这家粥店总是比右边那家粥店多卖出百十元，天天如此。

于是，我走进了右边那家粥店。服务员微笑着把我迎进去，给我盛好一碗粥后问："加不加鸡蛋？"我说："加。"于是她给我加了一个鸡蛋。每进来一位客户，服务员都要问一句："加不加鸡蛋？"有人说加，也有人说不加，大概各占一半。

我又走进左边那家粥店。服务员同样微笑着把我迎进去，给我盛好一碗粥。问我："加一个鸡蛋还是加两个鸡蛋？"我笑了，说："加一个。"再进来一位客户，服务员又问一句："加一个鸡蛋还是加两个鸡蛋？"爱吃鸡蛋的就要求加两个，不爱吃的就要求加一个，也有要求不加的，但是很少。一天下来，左边这家粥店就要比右边那家粥店多卖出去很多个鸡蛋。每天的营业差额就是这样出来的。

客服在给客户推荐商品时要遵循以下几个原则，如图 2-4 所示。

① 了解商品特点：了解商品的卖点、属性、用法等，只有足够了解才能更好地向客户推荐。

② 了解商品优势：如人无我有、人有我优等商品优势。

③ 了解商品能够对客户产生的利益：商品的优势对客户有什么好处，如商品的质量好可以带来更多的回头客，商品的售后服务有保障可以挽留更多的新客户等。

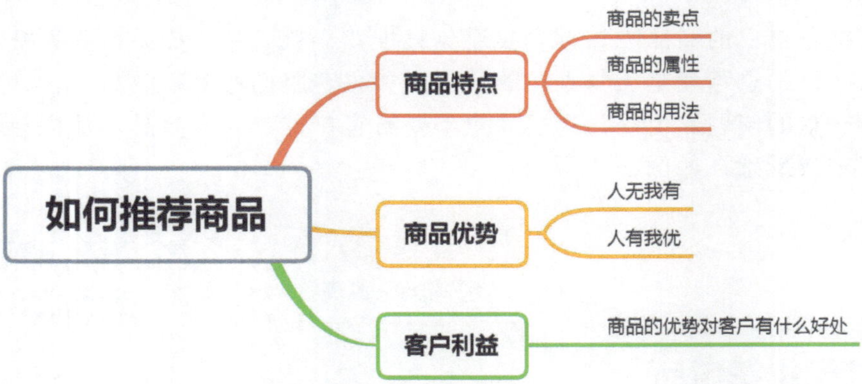


图 2-4

客服有效促成订单的方法：有条理地回答客户的问题，先说有利于促成订单的商品特点；针对客户的心理特点，主动打消客户的疑虑；明确售后的服务保证；增加下单的紧迫感，如告知客户促销活动马上要结束了，现在订购有什么优惠，现在付款立刻发货等。

## 2-4 客服的售后服务

客服的售后服务工作主要是处理商品寄出之后的一系列问题，如物流信息查不到、客户收不到货、客户收货后对商品不满意、处理客户退换货及处理客户中、差评评价等。

### 2-4-1 正常咨询服务

客户询问商品的物流信息：遇到此类问题，态度一定要积极、热情。

客户咨询商品的相关信息：一般是商品保修和商品的使用问题。客服需要对自己的商品非常了解，才能给客户提供专业的服务。

客户咨询时表达不满情绪：客户的不满情绪需要重点关注，因为很容易导致自己的服务评级指标分评分降低。

客户对商家的不满主要集中在三个方面：对商品不满、对服务不满、对物流不满。客服一定要针对客户的诉求给予完美解决。

### 2-4-2 退款、退换货咨询

客户要求退款、退换货的因素有三种：商品因素、主观因素、服务因素。

客服处理客户退款、退换货要求时应遵循的步骤是：联系客户、核实情况、安抚致歉、协调方案、跟进处理、备案登记。

如果网店未按规定时间发货，导致客户选择退款，会对网店造成一定的影响。

① 淘宝网店未按规定时间发货：淘宝网店赔付商品交易金额的5%、最高不超过30元的赔付金。淘宝平台介入判定前，未主动交违约金的网店会被扣3分。

② 天猫网店未按规定时间发货：天猫网店赔付商品交易金额(不包括邮费金额)的30%、最高不超过500元的赔付金。

### 2-4-3 维权纠纷

发生维权纠纷的原因(除恶意欺诈)基本有两点：买卖双方协调不成功、客户不沟通直接维权。申请淘宝平台介入对网店可能造成的影响有：限制发布商品、网店被屏蔽、降低搜索权、扣分、增加纠纷退款率(纠纷退款率=纠纷退款笔数÷支付宝成交笔数)。所以，客服一定要尽可能地与客户沟通，避免客户维权。

### 2-4-4 评价管理

商品的评价是给网店的下一位客户看的，客服对中、差评评价应进行解释，争取其他客户的理解与同情。客服对好评给予回复，可以表达感恩或做宣传。

**注意：** 中、差评评价在评价做出后的30天内可以修改，逾期将不能再更改。

恶意评价是指客户、同行竞争者等评价人以给予中、差评评价的方式谋取额外财物或其他不当利益的行为，商家可以向淘宝平台进行投诉，这方面知识在后续章节中进行具体介绍。

## 2-5 维护老客户

有过一次以上在自己的网店成功交易的客户称为老客户。老客户对于网店提升客户回购率、提升DSR(卖家服务评级系统)评分、提高客单价、提高流量价值等都有很重要的作用。

要想把生意做大，主要就是两件事，一是稳住原有的老客户，二是不断把新客户变成老客户。稳定住老客户，不仅可以使自己的工作变得更加有效率，也是保持业绩稳定增长的重要方式。那么应该如何维护老客户呢？

### 2-5-1 对老客户如何维护

老客户的维护需要使用一定的工具(阿里旺旺、电话、短信、微信、邮件等)，从交易关怀、情感关怀、其他关怀等方面进行维护，如图2-5所示。具体的操作如下：

① 交易关怀：通过发货的各个环节对客户进行提醒，主要包括以下几个环节。

发货关怀：发货当天或交易当天，通过短信与客户沟通，提示货已发出，只提示，不促销。

到货关怀：商品到达客户所在地，即发货后2～5天时，通过短信、电话、阿里旺旺等方式进行提醒。

签收关怀：商品签收后、评价前，通过短信、电话进行询问，获取反馈。

使用关怀：在商品签收十天内，通过阿里旺旺、短信、电话等进行询问，获取反馈。

② 情感关怀：日常通过短信、阿里旺旺等发送一些信息表达关心之情，节日、“双11”狂欢节、店庆等发送节日祝福或活动通知。

③ 其他关怀：系统异常关怀，如系统维护或节假日时，淘宝平台流量较大，出现卡顿情况即可进行疏导、关怀；气候异常关怀；社会异常关怀等。

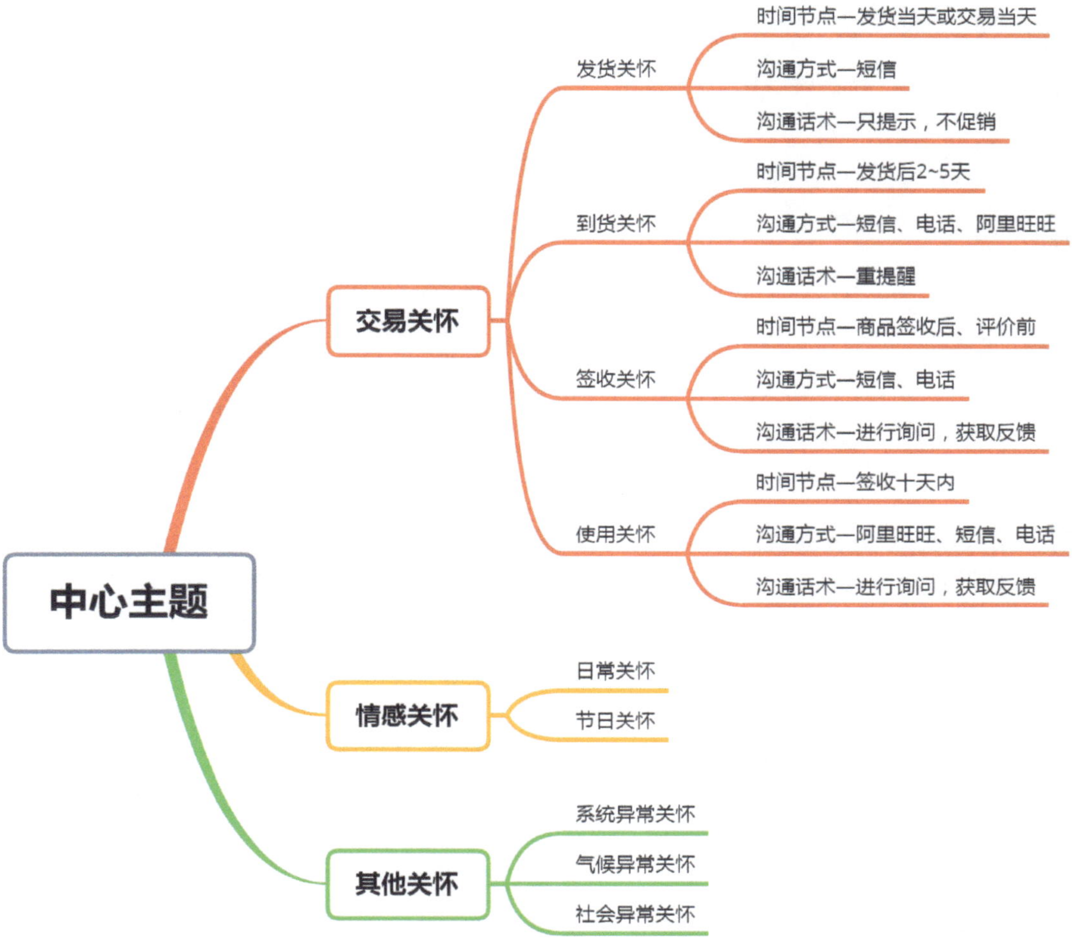


图 2-5

### 2-5-2　对老客户如何营销

主动营销：向老客户发送上新活动、促销活动信息，吸引客户再次购买。在确定好客户后，要选择适当的发送活动信息的时间，避免打扰客户正常生活与工作。选择适当的发送信息的工具，如阿里旺旺、短信、微信等。

互动营销：客服与客户开展双向互动。客服可以通过微博、微信、短信等工具发布信息。通过发送优惠信息，可以与客户进行互动。除了发送信息等操作，还有其他不主动干扰客户的形式，如发朋友圈、微信公众号推送等。与会员制结合，记录老客户的信息，可以进行精准营销，也可以发送一些节日祝福、生日祝福等，让客户感到温馨。

# 3 吸引客户的经典开场白

作为客服，经常会遇到这样的情况：你刚介绍完商品，客户就说“不需要”；你还没开始介绍商品，客户就把电话挂了。在销售领域，这些都很正常，不要因为出现这些现象，就不敢主动联系客户了。说话是抓心为上，与客户初次交谈的第一句话是留给对方的第一印象，开场白的好坏，几乎可以决定这一次交谈的成败，换言之，好的开场白，就是优秀客服成功的一半。

说话是一门艺术，得要领者讲话精练，事半功倍，字字珠玑，简洁有力，使人不减兴味且深得人心，那么怎样设计一个好的开场白呢？

绝大多数客服总是打招呼说“亲，有货的，直接拍就可以了！”或“亲，有什么可以帮您吗？”如果你也用这种大家习以为常的方式打招呼，结果可能并不尽如人意。好的开场白对网店客服的工作是非常重要的，下面就给大家介绍五种经典开场白，希望可以帮你“吸引”客户。

## 3-1 赞美型开场白

### 3-1-1 真诚的赞美

说话是一门艺术，学会赞美别人更是一门了不起的艺术。一句话能把人说笑，也能把人说怒。学会赞美别人，是我们为人处事要知道的一个道理。

**案例 1**

甲、乙两个猎人各猎得两只野兔，甲的妻子看见后冷漠地说：“你一天只打到两只小野兔吗？真没用！”甲猎人不太高兴，心里埋怨起来，你以为很容易打到吗？第二天他故意空手而回，让妻子知道打猎是件不容易的事情。

乙猎人遇到的则恰恰相反，他的妻子看到他带回了两只野兔，欢天喜地地说：“你一天打了两只野兔呀？真了不起！”乙猎人听了满心喜悦，心想两只算什么，结果第二天他打了四只野兔回来。

通过这个案例可以发现，同样的事情，两句不同的话，产生了完全相反的结果。

**案例 2**

客户发来信息咨询商品，客服通过地址知道客户是内蒙古自治区人。

客服对客户说：“您是内蒙古人吗？”客户说：“是啊。”客服说：“一直听说您那里地域辽阔，早就想去草原看美丽的风景！看您的下单就知道您眼界宽广，特别有品位！”客户满心欢喜，并且还向客服介绍家乡美食与特产，两人相谈甚欢，客户在收到商品后还给了几十字的好评。

每个人都喜欢听好话。因此，真诚的赞美就成为接近客户的好方法。赞美准客户必须要找出别人可能忽略的特点，并且赞美的话要真诚。赞美的话若不真诚，就成了拍马屁，效果当然不会好。真诚的赞美要先经过思索，不但要有诚意，而且要选择既定的目标。

### 3-1-2　赞美常用例句

“只有像您这样慎重的人，才能够做出最正确的判断。”
“东北人就是东北人，做事就是爽快。”
“看您的头像就知道您是个美女，不仅人美，眼光还好！”

## 3-2 惊讶且佩服型开场白

### 3-2-1 恰到好处的惊讶且佩服型开场白

真正会使用惊讶且佩服型开场白的客服懂得如何在客户说出第一句话时就恰到好处地回应。例如，当客户发来一串商品链接时，你如何回答？“这款商品有货！”“您好，欢迎您的光顾！”“有货，今日发货！”以上都是客服常用的回复用语。如果客服善用惊讶且佩服型开场白会有什么不同的效果呢？当客户发来商品链接时，客服可以这样说，“您真有眼光！这款是最新款！”“您来得真及时！这款商品正在搞活动呢！”“亲，您真有眼光，这款上周断货了，今天刚刚到了新货！”利用惊讶且佩服型开场白，向客户传递了一个信息，这款商品是热销品，又是新货，在心理上会给客户一个冲击，增加客户的认同感，觉得自己运气真好，而且眼光也好，客户感觉好了，成交就是很容易的事了。

**案例3**

一位客户在一款地砖前驻留了很久，导购走过去对客户说：“您的眼光真好！（惊讶且佩服型开场白）这款地砖是我们公司的主打商品，也是上个月的销售冠军。”客户问道：“多少钱一块啊？”导购说：“这款瓷砖，打折后的价格是 150 元一块。”客户说：“有点儿贵，还能便宜吗？”导购说：“您家在哪个小区？”客户说：“在××× 小区。”导购说：“那个小区是市里很不错的楼盘，听说小区的绿化非常漂亮，而且室内的格局都非常不错，交通也很方便（佩服客户的眼光及财力）。买这么好的地方，当然要配好的地砖了。不过，我们正在做一个促销活动，这次还真能给您一个团购价的优惠。”客户兴奋地说：“可是我现在还没有拿到钥匙，没有具体的面积怎么办呢？”导购说：“您要是现在就提货还优惠不成呢，我们按规定要达到 20 户以上才能享受优惠，今天加上您这一单才 16 户，还差 4 户。不过，您可以先交定金，我给您标上团购，等拿到钥匙，实际丈量后，再告诉我具体的面积和购买数量。”这样，客户提前交了定金，两周之后，这个订单就算搞定了。

这个案例虽然很简短，但是这个案例中有许多闪光的地方值得我们思考。最重要的是这位导购善于用惊讶且佩服的话语并善用赞美。“您的眼光真好！这款地砖是我们公司的主打商品，也是上个月的销售冠军。”通过这样的开场白，让客户产生心理认同感。客户喜欢才是真理。既然客户喜欢，客服为什么不为客户提供一些证据让客户更喜欢呢？每个人都需要认同，客户更需要。客服佩服客户的眼光，惊讶于客户的选择，无形中就坚定了客户的选择。

再看后面的部分，“那个小区是市里很不错的楼盘，听说小区的绿化非常漂亮，而且室内的格局都非常不错，交通也很方便。”这位导购先赞美客户购买的小区非常漂亮(实际上是夸客户的选择，佩服客户的眼光)，再告诉客户不该省钱，让客户感觉这么好的小区再谈价钱有点儿不好意思，最后告诉客户正在做促销，即使您不谈价钱，也可以给您打折。这等于给客户额外的惊喜。如果您是客户，您的感觉会怎样？

通过这个案例，我们发现惊讶且佩服型开场白的重要性。根据这位导购的谈话技巧来分析，即使客户当时能够把商品定下来，这个团购价客户也是能够享受到的。但是，导购没有马上那么做，而是故意让客户产生这种折扣有点“来之不易”的感觉，只有来之不易的东西，才能够让人们感到非常珍惜，这就是一种超值的心理感受。

所以说，恰到好处的惊讶且佩服型开场白更加符合人们的心理。

### 3-2-2 正确运用惊讶且佩服型开场白

“速度”是客服接待客户的要务，而“专业”则是让客户放心的重要因素。在文字无法清楚表达一件事情的时候，最好用视频作为辅助。例如，优惠券或者好评买家秀、商品的真实拍摄视频，通过这些来证实客户的眼光。如果没有好的向客户展示的内容，就尽量不要用惊讶且佩服型开场白，如没有优惠券，却说正在搞活动，这样会适得其反。

而对于老客户，就不要问客户一些重复性的问题，比如“你什么时候买的啊？”更不要提一些让客户反感的问题，如“你以前不是我接待的，所以有些事情我不是很清楚。”这些话会让客户感觉客服内部不团结，自然会对网店的服务也产生怀疑。这种情况下再使用惊讶且佩服型开场白是无用的，只会增加客户的反感。

## 3-3　好奇心型开场白

### 3-3-1　巧用好奇心

好奇心人人都有。现代心理学表明，好奇是人类行为的基本动机之一。客服利用好客户的好奇心，引起客户的兴趣，将能达成不少的交易。

**案例 4**

客户发来信息："××商品有货吗？"客服不像往常那样打招呼，什么也没说，而是先发了一个晕倒的表情，客户一看到这个表情就纳闷了，自己只是问有没有货，你犯得着晕倒吗？就在客户要发信息询问怎么回事时，客服再发一个捂嘴偷笑的表情。这时客户就有点迷糊了，怎么回事？

在客户思来想去没答案时，客服主动说话了："对不起，亲，刚刚是我和同事在打赌，要是十分钟内有客户上门问货，就让她为您购买的商品付款，呵呵……您愿意吗？"客户一听当然知道是开玩笑，但是他会觉得遇到了一个温暖和谐、开朗欢乐的客服，这时客服再向客户介绍商品，生意就好做多了！

很多客户在网上购物时的心态是放松的，东西可买可不买，当遇到一个快乐阳光型的客服时，客户的心情也会跟着阳光起来，这时成交就是很容易的事。

**案例 5**

一位客服对客户说："您知道世界上最没用的东西是什么吗？"客户感到迷惑，但又很好奇。这位客服继续说："就是您藏起来不用的钱。它们本来可以用来购买我们的空调，让您度过一个凉爽的夏天。"

某地毯网店的客服对客户说："每天只花一角六分钱就可以使您的卧室铺上地毯。"客户对此感到惊奇，推销员接着讲道："您的卧室12平方米，我们销售的地毯价格每平方米为24.8元，总共需297.6元。我们的地毯可铺用5年，每年365天，这样平均每天的花费只有一角六分钱。"

通过上面两个案例我们可以发现，这样的开场白不仅有趣，还会巧妙地增加客户的转化率。

客户对不熟悉、不了解、不知道或与众不同的东西，往往会引起注意，客服利用客户的好奇心，引起对方的好奇，然后，在解答疑问时，就可以很巧妙地把商品介绍给客户。

### 3-3-2 满足好奇心的技巧

既然好奇心型开场白可以赢得客户的欢喜，那么如何去满足客户的好奇心呢？好奇心型开场白，也可以说是欲擒故纵型开场白。例如，客户发来一个疑问表情，并发送了一个商品链接，说：“你店里的商品怎么比别的店贵，别的店和你店里一样的商品，只要××钱，还有赠品，你们这个价格也太贵了吧？”

遇到这样问话的客户，客服要立刻想到一点，客户已经到其他网店看过了商品，并进行了比较，对于商品的价格、质量心里已经有数了，这时就不要再向客户介绍商品性能、正品行货、七天退换货等内容，只要和客户这么解释就可以了：“您好，亲，我们的商品不是最贵的，也不是最便宜的，贵总有贵的道理，在网上购物千万不要急，一定要多看几家，毕竟货比三家不吃亏嘛！您可以到别家看看，如果您看好别家比我们便宜的，您就在那里买！如果您觉得我们的好，我们欢迎您的光临。”一般来说，这样的回答会让客户信服，并促使其下单，因为客户的心理一般是：“这个网店的商品比别的网店贵，客服好像不急着做成我这一单生意，别的店那么便宜，不会是假货吧？”这样的开场白往往会让客户在潜意识里相信你的商品是最好的。

当然，这种开场白只适合优质的商品，如果质量不如别人还这么说，即使客户购买了商品也可能退货。

## 3-4 善用赠品型开场白

很少有人会拒绝免费的东西，提供赠品就是利用人们的这种心理进行推销。用赠品作敲门砖，既新鲜，又实用。

客服可以利用所推销的商品的魅力来吸引客户，引起客户的注意和兴趣。在商品优秀的情况下，再结合提供的赠品或优惠券，就更是如虎添翼，客户转化率也将直线上升。

**案例 6**

小友经营一家零食淘宝店，因为最近销售量慢慢减少，小友考虑是不是自己卖的零食太贵了？他货比三家后发现并不是价格的问题，而是销售模式的原因。现在越来越多的淘宝商家开始通过网上直播售卖商品，并且会给客户赠送新商品的小样。于是小友也开始进行淘宝直播卖货，并且在每个整点的时间段进行直播间抽奖，无论新老客户，只要在直播间中奖，就可以免费得到一款新品零食，并且可以包邮到家。越来越多的客户因为老客户的推荐纷纷涌入直播间，直播间越来越活跃，销售量也持续增长。小友借助这种全新的销售模式，开始不断上架新商品，中奖的客户吃到免费零食以后觉着好吃还会不断回购，不仅保证了网店的销量，还巩固了客户的数量。

## 3-5 始终如一型开场白

始终如一型开场白是一种非常特殊的开场白，主要针对老客户使用。大多数商家都有老客户，因为人是习惯性动物，习惯在某一个网店购买一种商品后，就不会轻易更换网店。就像去理发店理发，在理发价格差不多的情况下，很多人喜欢去自己常去的理发店，因为和理发师熟了之后，不用多费口舌，理发师就知道自己要什么样的发型。

**案例 7**

"欢迎光临啊，李姐。您上次拿的羽绒服怎么样，保暖效果好不好？我们昨天上了今冬新款，我给家人预留了几件，我把链接发给您，您瞧瞧！"

看似无关痛痒的几句客套话，却会让客户觉得很亲切，让她知道你一直记着她！这样，老客户就会被你牢牢地抓在手里。对于老客户可以多用此方法。

通过这个案例我们发现，始终如一型开场白更适用于老客户，也就是更适宜维护好回头客。回头客对于网店的转化率是非常有用的。

商家要重视对老客户的经营，如果对老客户不理不睬，只是简单打一个招呼，久而久之，如果同行商家在价格和服务上比你更有优势，那么你就可能失去老客户。

维护老客户的方法很多，例如，生日时送祝福、日常定期回访、给老客户优惠政策、老客户短信维护、公众号推送、让老客户参与对服务人员的考评、节日大优惠等。

根据以上方法，可以得到维护老客户的技巧如下：

① 多与老客户聊天，就算老客户临时没有购买需求，也要向他介绍网店动态及商品更新情况。

② 在聊天时，要了解老客户什么时候可能会有需求。

③ 要确认哪些客户重要，哪些客户不重要。把时间多留给那些最近可能下单的客户，把握轻重地去维护，这样才能把业绩做得更好。

# 4 商品介绍，把握交易关键步骤

网店客服应该十分清楚，做好销售需要做好以下两点：一是用心了解客户的需求和担忧；二是运用所掌握的专业知识、服务能力来满足客户的需求，消除客户的担忧。

网店客服可以参考马斯洛需求层次理论，摸清客户的核心需求，为商品销售做铺垫。

网店客服最主要的工作就是应对客户的需求和疑问，提升销售额。向客户介绍商品是客服工作的重要内容。介绍商品的技巧多种多样，也有一些注意事项，本章主要介绍网店客服应该如何做好商品介绍。

## 4-1 参考马斯洛需求层次理论，摸清客户需求

客户在网络购物时会产生一系列复杂、微妙的心理活动，包括客户对商品的成交数量及价格等问题的想法和如何成交、如何付款等。客户的心理对商品的成交数量甚至交易的成败至关重要，所以摸清客户的心理需求是重中之重。客户的购买行为是一个动态的交互式过程，这个过程不是一成不变的，购买的欲望取决于客户的心理变化。要针对客户不同的需求采取适当的对应措施，更好地说服客户，最终激发客户潜在的购买欲望。

马斯洛需求层次理论是行为科学的理论之一，由美国心理学家亚伯拉罕·马斯洛在 1943 年发表的《人类激励理论》论文中提出。马斯洛需求层次理论将人类需求按层次从低到高分为五层，分别是：生理需求、安全需求、社交需求、尊重需求、自我实现需求，如图 4-1 所示。

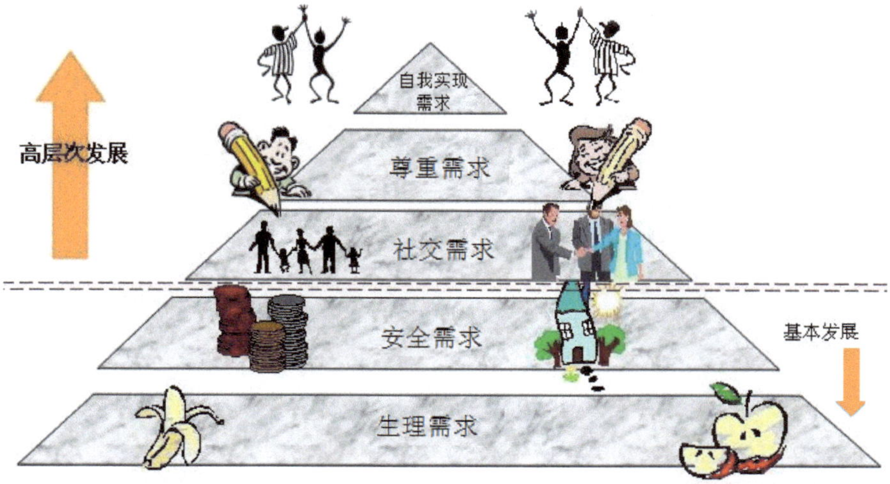


图 4-1

按照马斯洛需求层次理论，同样可以把电商市场也分为五个层级，每一个层级市场的客户人群有不同的心理。

### 4-1-1 生理需求

生理需求即求实心理，这是客户普遍存在的心理，即立足于商品的最基本效用。客户在选购商品时不过分强调商品的外观是否赏心悦目，而以实用价值为主，重视的是商品的质量效能，而对其外观、价格、品牌等的考虑则在其次。

### 4-1-2 安全需求

安全需求即求全心理，随着科学知识的普及和经济条件的改善，客户对自我保护和环境保护的意识增强，对商品安全性的考虑越来越多地成为客户选购某一商品的动机。“绿色商品”具有十分广阔的前景，就是因为其适合这一购买动机。

### 4-1-3 社交需求

社交需求即求美心理，爱美之心人皆有之，美观也是商品的实用价值之一，客户在选购商品时不以使用价值为宗旨，而是注重商品的品格和个性，强调商品的艺术美。

### 4-1-4 尊重需求

尊重需求即尊重心理，客户是商家的争夺对象，理应被商家奉为“上帝”，如果服务差，即使商品本身质量好，客户往往也会弃之不顾，因为谁也不愿花钱买气受。因此应该真诚地尊重客户，有时尽管商品价格高一点儿，但因服务好，客户感到盛情难却也乐于购买，甚至产生再光顾的可能。

### 4-1-5 自我实现需求

自我实现需求是最高层次的需求，是在满足前四项需求的基础上衍生的一种需求，体现在客户对商品有自己的判断标准，有自己固定消费的品牌。

**案例 1**

小赵要参加一个活动，置办好衣服后还想买一双鞋。他在网上看了几家店后都没找到满意的，小赵决定再看一家店，如果依然没有满意的鞋就去实体店购买。

小赵进入了某品牌天猫官方旗舰店，客服发来消息：“欢迎光临本店，您是要买运动鞋吗？我们最近在搞周年庆回馈活动，推出了很多新款，我来给您介绍一下吧。”

小赵心想：又有回馈，又有新款，还主动介绍，这让我怎么拒绝？小赵在看其他店的时候，客服第一句话都是问“亲，我有什么可以帮你？”“亲，要不要看看我们的新款？”“亲，您需要什么样的鞋？”对于类似这种的招呼方式，小赵觉得很客套，而对这家店打招呼的方式却感觉很新颖。

在这家网店客服的介绍下，小赵发现了一款心仪的鞋。于是小赵问：“这款鞋多少钱？”

客服：“原价是 1198 元，周年庆活动打折后只要 998 元。”

小赵：“怎么这么贵？”

客服：“您的眼光非常好，这是××品牌今年出的新款系列，是我们店的‘镇店之宝’哦！其设计简约质朴，不添加多余的装饰，简约的设计和细节为这款鞋注入了生命，令整个设计兼具严谨与跳脱。尽管价格不低，但是这款鞋可以彰显您的品位，能为您带来前所未有的体验。”

听了这番说辞，小赵没再说贵，只是问能不能再优惠点。

客服：“您的脚多大码？如果没有合适的码，多便宜您也不会要是不是？”

小赵：“42码。”

客服：“您的运气真好，这款鞋是限量版的，现在库存只有一双了，它注定属于您。”

小赵心里非常高兴，已经决定买这双鞋，只是还想继续考验下这个客服。于是继续说：“鞋不错，只是太贵了，再便宜一点儿我就买了。”

小赵本以为客服会给他便宜100元左右，结果客服回答：“这双品牌鞋质量上乘，如果不是周年庆是不会打折的。另外，这双鞋可以穿两年，只要998元，每天算下来还不到2元钱。”

听完这番话，小赵觉得有道理，于是没有继续再还价。

客服继续说：“您一眼就相中了我们店的‘镇店之宝’，说明您一定是见过世面的人。对于像您这样有品位的先生来说，998元其实并不贵，您只当请朋友们吃了一顿饭。而且，您的时间一定非常宝贵，按您的眼光，很难再找到一双满意的鞋了。”

小赵心服口服，因为他的时间确实比较紧张，稍后还要去谈一单生意，而且客服将鞋价说成是请好朋友吃一顿饭的钱合情合理。于是，小赵立刻下了单。

然后，客服又说道：“您买了我们的鞋，也算是我们的老客户了。我们会送您一双价值66元的袜子，也算是刚才没有给您打折的一个补偿。今天就会给您发货，有什么问题随时欢迎您咨询。”

听到还赠送一双袜子，小赵表示感谢后就离开了。

这个案例中的客服使用了很多话术技巧。首先，利用周年庆与新款吸引客户；然后，通过品牌设计理念肯定客户的品位，迎合了客户的尊重需求。又用价格拆分与时间成本劝说客户，给客户营造了价格不高的感觉；最后，赠送的赠品让客户感觉非常贴心，有助于培养客户的黏性，让客户成为回头客。

此案例给我们的最大启示是，紧扣客户的尊重需求或者客户自我实现需求展开对话，让客户为认同感买单。客户的需求层次会逐渐升高。网店客服如果能把握这一趋势，在沟通中体现商品对高层次需求的满足，通常能够产生难以估量的效果。另外，在我们的实际应用中，除了介绍客户指定的商品外，还可以向客户推荐以下几类商品。

① 客户指定商品的同类商品，并且价格更有优势的商品。

② 客户指定商品的同类商品，并且质量和口碑更好的商品。

③ 与客户指定商品关联性比较大的非同类商品。

④ 网店的主打商品或畅销商品。

对于有明确购买目标的客户，要根据客户对商品的了解程度有针对性地进行介绍。当客户了解了商品的基本信息后，再介绍相关的细节，比如型号、款式等。

在客户对要购买的商品的功能、质量没有疑问之后，客服需要和客户确定具体细节，如商品的型号、颜色、款式、包装、邮寄要求和是否需要发票等。客服最好在备忘录里标注重要事项，以便发货时根据客户的要求配货。最后还要告诉客户，使用商品时的注意事项等。

对于仅有购买意向、没有明确购买目标的客户，客服要在了解需求后推荐符合客户需求的商品，并进行简单、客观的比较，针对客户的选择提供指导性的建议。

另外，如果客户没有多少网上购物的经验，就需要客服进行一定的指导，比如让客户了解邮寄方式、交易中需要注意的问题等。

对于已交易成功的客户，最好在其会员名后注明他买过什么商品以及当时的折扣，并归类到相关的类目中。

对于有购买意向但尚未交易成功的客户，最好在其会员名后注明他想买什么商品，未购买的障碍是什么，以便客户下次光临网店时能做到心中有数。

## 4-2　善于倾听，深入挖掘客户需求

沟通高手在尝试让人倾听和了解之前，会把倾听和了解他人列为第一目标。如果你能做到认真倾听，对方可能会向你袒露心迹。掌握他人内心世界的第一步就是认真倾听。在陈述自己的主张说服对方之前，先让对方畅所欲言并认真倾听是解决问题的捷径。

### 4-2-1　培养积极的倾听态度

善于倾听别人说话是一种涵养，因为认真听别人说话是对对方的一种尊重，这种尊重会让对方信任你。日本金牌销售原一平说：“对销售而言，善听比善辩更重要。”

**案例 2**

乔吉拉德向一位客户销售汽车，交易过程十分顺利。当客户正要掏钱付款时，另一位销售人员跟乔吉拉德谈起昨天的篮球赛，乔吉拉德一边跟同伴津津有味地说笑，一边伸手去接车款，不料客户却突然掉头而去，也不买车了。乔吉拉德苦思冥想了一天，不明白客户为什么突然放弃了已经挑选好的汽车。夜里 11 点，他终于忍不住给客户打

了一个电话，询问客户突然改变主意的理由。客户不高兴地在电话中告诉他说："今天下午付款时，我同您谈到了我的小儿子，他刚考上密西根大学，是我们家的骄傲，可是您一点儿也没有听见，只顾跟您的同伴谈篮球赛。"乔吉拉德明白了，这次生意失败的根本原因是因为自己没有认真倾听客户谈论自己最得意的儿子。

懂得如何倾听的人最有可能做对事情、赢得友谊，最有可能把握他人错过的机会。传奇人物约翰•洛克菲勒就非常善于倾听。有一次他说："我们的政策一直都是耐心地倾听和开诚布公地讨论，直到最后一点证据都摊在桌上才尝试达成结论。"洛克菲勒以谨慎著称，他拒绝仓促下决定，他的座右铭是"让别人说吧"。

倾听不只是用耳朵听声音的过程，而且是一种情感活动，需要通过面部表情、肢体语言和话语的回应，向对方传递一种信息——我很想听你说话，我尊重和关心你。

对于网店客服来讲，善于倾听客户的谈论，能够让客户感到舒心和愉快，客户高兴了，就会把心中的想法倾吐出来，这有助于网店客服深入挖掘客户的潜在需求，了解和获取有价值的信息。

倾听是需要一些技巧的，网店客服在倾听客户谈话时，最常出现的问题是表面上摆出倾听客户谈话的姿态，其实心里迫不及待地等待机会，想要讲自己的话，忘记了"倾听"是一个重要的武器。这样的网店客服听不出客户的意图与期望，其销售就如失去方向的箭，难以达到期望的目标。

以下 8 种倾听技巧可以帮助你实现高效沟通。

**(1) 倾听是一个主动的过程**

倾听时要保持高度的警觉性，随时注意对方谈话的重点。每个人都有自己的立场及价值观，因此，你必须站在对方的立场上，仔细地倾听他说的每一句话，不要用自己的价值观去评判或指责对方的想法，要与对方保持共同理解的态度。

**(2) 鼓励对方先开口**

首先，倾听别人说话本来就是一种礼貌，愿意听，表示我们愿意客观地考虑对方的看法，这会让说话的人觉得我们很尊重他的意见，有助于建立融洽的关系。

其次，鼓励对方先开口可以降低谈话中的竞争意味，可以形成开放的气氛，有助于彼此交换意见。

最后，让对方先提出他的看法，你就有机会在表达自己的意见之前，掌握双方意见的一致之处。倾听可以使对方更加愿意接纳你的意见，让你再说话的时候，更容易说服对方。

**(3) 切勿多话**

同时说和听并不容易。亿万富翁富卡以说得少、听得多而著称，他曾在重要的业务会议中从开始坐到结束不发一语。有一次他告诉身边的人：“上帝给了我们两只耳朵却只给我们一张嘴是有原因的，我们应该听得比说得多。”

为了避免说得太多而丧失开发业务的机会，可以利用“火柴燃烧法”来训练自己少说多听：假想你的手上拿着一支燃烧的火柴，当你认为火焰即将烧到手指时停止说话，寻求其他人的回应。

**(4) 让人把话说完，切勿武断下结论**

听听别人怎么说。你应该在确定知道别人完整的意见后再做出反应，别人停下来并不表示他已经说完想说的话。让人把话说完整并且不插话，表明你很看重沟通的内容。有些人总是把打断别人说话解释为对自己思想的尊重，但这却是对对方的不尊重。

虽然说打断别人说话是一种不礼貌的行为，但如果是“乒乓效应”则是例外。所谓“乒乓效应”是指听人说话的一方要适时地提出一些切中要点的问题或发表一些意见感想，来响应对方的说法。还有一旦听漏了一些地方，或者是不懂的时候，要在对方的话暂时告一段落时，迅速地提出疑问之处。

**案例 3**

巴顿将军为了显示他对部下生活的关心，搞了一次参观士兵食堂的突然袭击。在食堂里，他看见两个士兵站在一个大汤锅前。

“让我尝尝这汤！”巴顿将军向士兵命令道。

“可是，将军……”士兵正准备解释。

“没什么‘可是’，给我勺子!”巴顿将军拿过勺子喝了一大口，怒斥道：“太不像话了，怎么能给战士喝这个？这简直就是刷锅水！”

“我正想告诉您这是刷锅水，没想到您已经尝出来了。”士兵答道。

只有善于倾听，才不会做出像巴顿将军这样愚蠢的事。

**(5) 鼓励别人多说**

对精辟的见解、有意义的陈述，或有价值的信息，要以诚心地赞美来夸奖说话的人。例如，“这个故事真棒！”“这个想法真好！”“您的意见很有见地！”等，因此，如果有人做了你欣赏的事情，你应该伺机称赞他。仅仅是良好的回应就可以激发很多有用而且有意义的谈话。

**(6) 让别人知道你在听**

偶尔说“是。”“我了解。”或“是这样吗？”告诉说话的人你在听。

**(7) 接受并提出回应**

要能确认自己所理解的是否就是对方所讲的，你可以选择重点复诵对方所讲过的内容，以确认自己所理解的意思和对方一致，如“您刚才所讲的意思是不是指……”“我不知道我听得对不对，您的意思是……”

**(8) 暗中回顾，整理出重点，并提出自己的结论**

当我们和他人谈话时，可以利用说话间停顿的机会回顾一下对方的话，整理出其中的重点。我们必须删去无关紧要的细节，把注意力集中在对方想说的重点和对方主要的想法上，在心中记住这些重点和想法，并在适当的情形下给对方以清晰的反馈。

### 4-2-2 从客户角度思考问题

网店客服要保持宽广的胸怀，全方位地看待问题，从不同视角分析问题。客户的倾诉是有原因的，没有人会平白无故、不着边际地向一个陌生人倾诉内心的想法。网店客服必须站在客户的立场上，专注地倾听客户的倾诉，要与客户保持共同理解的态度，适时地向客户确认自己所理解的意思和对方表达的是否一致，准确地捕捉信息，从而采取有针对性的推销措施。

### 4-2-3 不抵制客户，秉持客观、开阔的胸怀

在与客户的交流中，不要只听自己想听的或以自己的价值观判断客户的想法。对客户所说的话，不要表现出抵制的态度。例如，当客户所说的事情，对你的销售可能不利时，你听到后不要立刻驳斥，可先请客户针对事情做更详细的解释，如果客户只是道听途说，也许在解释说明的过程中，客户会感觉出自己的看法并不是很正确；如果客户说的证据确实，你可先向客户致歉，并及时采取弥补措施。切记，在还没有听完客户的想法前，不要和客户讨论或争辩一些细节问题。

**案例 4**

一家地毯品牌的天猫官方旗舰店迎来了一位客户。

在和客户的沟通中，客服了解到一些信息。首先，这位客户想要为母亲挑选一款地毯；其次，这位客户的父亲刚刚去世不久，客户为了不让母亲日日活在思念之中，准备对母亲的房子进行重新布置，所以要重新购买地毯；再次，客户父亲在世时，母亲经常整理和摆弄地毯，而现在母亲由于十分思念父亲，无心清洗地毯。

客服了解到这些信息后，对客户说：“这位女士，能否告知您家

的家具属于什么样的风格？如果是田园系列的，就建议您选色调比较素雅、恬静的款式，这样比较适宜；如果是欧式风格，那么就建议……”然后，客服又向客户介绍了几款具有防污功能的地毯，可以方便她母亲进行清洗。

最后，客服称赞女士道：“亲，您真是一位善解人意又十分孝顺的女儿，您的父亲一定会为您感到十分骄傲。在您的照顾下，您的母亲一定会走出悲痛，快快乐乐地生活！”客服的这些话安慰了因失去父亲而悲伤的客户，也鼓励了客户要积极地去面对生活。

就这样，在客服的建议下，这位客户购买了一款最新上市的地毯。

这个案例中的客服善于倾听客户的心声，从而获得了客户的大量信息。所以客服在推销商品的过程中，要耐心地倾听客户的想法，客户的话中蕴含着大量的信息。有些客服一见到客户就滔滔不绝地说个不停，让客户完全失去了表达意见的机会，使客户感到厌烦。所以善于倾听客户说话，是获取客户信息的最好方法。

倾听客户的心声，会使客户有一种被尊重的感觉。许多销售人员常常忘记，倾听是相互有效沟通的重要因素，他们在客户面前滔滔不绝，完全不在意客户的反应，结果平白失去了发觉客户需求的机会。当客服认真倾听客户说话时，客户就有时间去表达自己心中的想法和需求，这不但能够满足客户表达心声的需求，还能够让客户在倾诉中获得被重视感和自信心。

## 4-3 介绍商品，突出卖点

一般来讲，商品的卖点是对客户主要的吸引力。如果客户被商品卖点打动，真正喜欢上了商品，那么就算价格高一些也是可以接受的。如果商品太普通，卖点不突出，那么即使价较低，客户也不会买。因此，客服在介绍商品的过程中，应当先对商品的卖点重点介绍，将商品的优势展示给客户，让客户觉得这是一个好商品，多花点儿钱也没关系，这样，离达成交易就不远了。在介绍商品时，客服要把握以下几个原则。

### 4-3-1 根据客户的关注点说卖点

不同的客户对商品的关注点不同，有的客户关注商品性能、特征和用途，有的客户关注商品质量，有的客户关注商品价格。网店客服在介绍商品的卖点时，不需要把所有的卖点都介绍给客户，因为有些卖点可能不是客户所关注的。一名优秀的网店客服应该会以敏锐的眼光洞悉客户的关注点，从而采用不同的说服方法，向客户重点展示他所看重的那一个卖点。

### 4-3-2 不夸大其词

一般情况下，任何一种商品都有各自的卖点和优势，网店客服可以通过强调商品的卖点吸引客户的注意力。在向客户介绍商品的卖点时一定要实事求是，切记不可夸大其词，否则一旦客户发现你是在欺骗他们或者隐瞒商品缺陷，就会产生反感，终止交易甚至投诉。

### 4-3-3 突出商品卖点

客服需要突出商品的优势，让客户把注意力更多地放到商品的质量上，进而让其觉得你出售的商品的价格是相对合理的，让客户对商品倾心，这样客户花钱的时候就会少很多犹豫，销售起来就容易得多。

**案例 5**

小赵在两家家具旗舰店分别相中了一把椅子，左挑右选不知道该买哪一把。小赵首先来到了价格比较高的旗舰店里。

小赵将椅子的链接发给客服，然后说："我看定价是 1260 元，能便宜点儿吗？"

几秒钟后，客服回复说："亲，价钱好说，您买椅子不就为了坐着舒服嘛，我先给您说说这把椅子的功效，看看能不能让您满意。"

小赵一听，心想："了解清楚才能知道值不值嘛，再说了，即使不买，就当普及知识了。"于是开始听客服的介绍。

客服说："您肯定比我清楚，不良的坐姿会让人的脊柱侧弯，很多人的脊柱、颈椎或腰部出现问题就是长期坐姿不良导致的。所以，您选椅子一定要选那种能让您保持良好的坐姿，从而保护好身体健康的椅子，您说是不是？"

客服接着说："我们的这种椅子就是根据人体的骨骼和穴位的特点来设计的，完全能够保证您保持标准坐姿而且不累不乏。另外，这种椅子光是弹簧就比普通椅子多一倍，这样就能保证椅子不变形、不走样。不仅如此，这把椅子的旋转支架也非常特别。您知道，如果支架坏了，那么整把椅子就报废了。因此，厂家用纯钢为原料制作椅子的旋转支架，这样就不会因为体重过重或长期旋转而导致支架磨损、松脱。因此，这种椅子的平均使用寿命要比普通椅子多一倍，所以，您完全可以放心使用。”

听完这些话，小赵其实已经很动心了，自己工作时，经常一坐就是一整天，最需要的就是一把舒服、质量好的椅子了。但他还是试探地说：“那能便宜一点儿吗？我在其他店看到一把也挺不错的椅子，才 900 元。”

客服说：“您肯定比我识货，那样的椅子我们这儿应该也有，它们看起来差不多，实际上却大不相同。您对比一下材料和制作工艺就知道了。别的不说，光是里面多出一倍的高质量弹簧就价值 400 多元，一个纯钢的支架 300 多元，不信您可以上网查一下。更不要说这把椅子其他的好处了。”

听了客服的话，小赵心服口服地下单买了这把 1260 元的椅子，心想：“为了保护我的脊柱，别说只贵 300 多元，就是贵得再多，我也得买啊！”

从这个案例中不难看出，客户迅速下单的原因是被客服介绍的商品卖点打动了，就像客户自己讲的，只要东西值，别说只贵 300 多元，就是贵得再多他也会买。

## 4-4 说明商品备受追捧，提供资料增强说服力

在淘宝上，人气排名的高低不仅影响着商品的综合排名，还是影响商品销量的一个重要因素。客服在向客户介绍商品时，可以通过商品的人气排名向客户说明商品的受追捧程度。

### 4-4-1 展示稀有性

物以稀为贵是商品的一般规律，是经济规律起作用的表现，是人们的一种深层次的心理。在购物时，这种心理表现得更加明显。人们常常对越是买不到的东西，就越是想要买到它。

在电商制造的“双 11”狂欢节中，很多人会在不经意间购买了许多并不需要的东西，为什么？因为一年只有一个“双 11”狂欢节，机不可失，时不再来。所以网店客服可以向客户展示商品的稀有性，告诉客户，如果现在不买的话，明天就没有了，或每人限购一件，再配合大力度的优惠条件，肯定会对客户产生吸引力。

### 4-4-2 销量

商品的销量高，证明该商品受欢迎程度高。客户可以通过销量看到该商品的影响力，这也是反映网店商品受欢迎程度的最直接因素。销量又分销售总量和交易笔数，淘宝系统计算商品的累计销售量时只计算最近 30 天的交易笔数。

### 4-4-3 权威数据

权威数据是运用有公信力的认证向客户展示商品，它具有很强的说服力。权威部门颁发的证书、当红明星的代言等，都可以成为客服人员在介绍商品时的辅助资料。一般来说，权威性越强，对客户的说服力也就越强。

权威效应能够为人们提供安全感。当面对一个陌生事物时，人的心理倾向于怀疑或抗拒，这时若有权威部门发布的数据，给商品或品牌提供佐证，是最有说服力的。

### 4-4-4 具体案例可信度高

有时商品的好坏光靠网店客服说是不管用的，需要借助具体案例来说明商品的优质，才能让客户信服。

用具体案例证明商品优质，一方面可以使交流气氛变得更轻松和自然；另一方面可以增强说服力，增加商品的可信度。还有一点需要注意，尽管具体案例可以带来事半功倍的效果，但是运用的时候也一定要注意适度和灵活。

**案例 6**

小赵想买一台计算机的显示器，于是在淘宝上看了一家又一家，犹豫不决，小赵决定再看最后一家店。

小赵：“你们家的显示器质量怎么样？”

客服：“我们家销售正规品牌、通过国家 3C 认证的液晶显示器。3C 认证中的一项就是电磁干扰和辐射测试。另外，我们的液晶显示器还通过了国标和世界上的一些其他标准，对人体健康的影响几乎可以忽略不计。”

小赵：“单凭你这样说，我还是不知道你们家显示器的安全性怎么样？”

客服：“我现在怀孕六个月了，但依然没有放弃客服工作，仍在店里忙活，之所以不怕显示器的辐射，不怕屏幕光对眼睛的伤害，是因为我使用的显示器就是自家销售的液晶显示器。”

小赵：“价格可以便宜些吗？”

客服接着说：“我们的商品需求量特别大，现在又在进行‘国庆节’促销活动，在原价的基础上打八折，同时还参与淘宝满 1000 元减 100 元的活动，绝对是前所未有的低价，如果您现在不马上下单的话，我不能保证在您需要的时候一定有货，而且还有优惠活动。”听了客服的话，小赵当机立断购买了一台显示器。

在这个案例中，客服通过说明自己怀孕了还敢亲身试用，展示了商品的安全性，增强了说服力，打消了客户对安全方面的疑虑。客服还通过各种认证与正规检验标准提供了权威效应，让商品和品牌在客户心中留下深刻印象，增强了客户的认可度。客服最后再告知客户有优惠活动，坚定了客户的购买意愿。网店客服在与客户交流的过程中，要善于制造悬念，让客户有种错失良机将无法得到的感觉，从而不由自主地产生一种紧迫感，在这种心理的影响下，就会积极地采取行动。

## 4-5 解决客户的疑问与痛点

网店客服的一项重要工作就是解答客户关于商品的疑问，当客户向客服提出疑问时，客服能不能给出让他们满意的答案显得尤为重要。

### 4-5-1 及时回复客户的咨询

如果客户咨询问题，客服一定要及时回复，这样能让客户感到受重视，提高网店的可信度，进而留住客户。

当今人们的生活节奏和消费节奏都很快，客户的耐心也是有限的，他们不可能一直等待你的回复，可能因为你的不及时回复，客户就已经寻好下家了。

速度意味着效率，回复越快，发货越快，客户成交的概率就越大，因此客服要保证在第一时间回答客户的咨询。

### 4-5-2 帮助客户理解，不用专业术语

网店客服在介绍商品时，要从客户的实际认知角度出发，有针对性地介绍。

面对有一定专业基础知识的客户，客服可以从商品参数、性能数据等方面加以介绍，既能让客户买到满意的商品，又可以显示自己的专业水准。而对于并不了解太多专业知识的普通客户，客服就要多用通俗易懂的语言介绍商品，少说一些客户听不懂的行话和术语，让客户有直观的感受。

客服要从客户的角度思考问题，多说些客户听得懂的话，这样才能让销售技巧发挥作用，如果客户连客服说的话都不懂，是无法信任客服的，更不会购买商品。

### 4-5-3　解决客户的痛点

客户的痛点就是让客户愿意付出时间与金钱去解决的障碍。

当商品能够解决客户痛点时，就会成功地将客户的注意力吸引到商品本身，而不是专注于价格。一件商品 5000 元，但可以解决客户痛点，即使客户的预期价格是 3000 元，也还是会购买，为什么？因为客户愿意为解决痛点问题多付出 2000 元。例如，有头皮屑问题会在面试现场、初次见男（女）朋友的父母等关键场合影响个人形象，所以针对头皮屑问题，去头屑洗发水大受欢迎。

**案例 7**

小赵想买一套有古风韵味的家具，于是便浏览了一家红木馆天猫旗舰店。客服听了小赵的想法和要求后，便问小赵关于家具的样式问题，包括是想要霸王枨还是罗锅枨，家具的接入方式是想要夹头榫还是插肩榫。可小赵不明白这些名词是什么意思，被这几个专业术语搞得一头雾水，只好无奈地和客服说以后再联系。

小赵说："我不大好意思承认自己搞不懂这些专业名词，算了吧，为了给自己留点儿面子，只能去别家看看了！"

小李与小赵有着相似的经历。小李是一家药品公司的经理，由于手上有一些积蓄，于是想给自己买保险，他首先想到的是在一家保险公司的天猫旗舰店里咨询。

客服了解了小李的投保意向后，开始一股脑地向他炫耀自己是保险业的专家，给小李说了一大堆专业术语。由于小李从来没有买过保险，对保险一点儿都不了解，所以小李对很多专业术语都听不懂。然而，客服没有意识到这一点，依然接二连三地大力宣传自己的专业，一连串的"豁免保费""费率""债权""债权受益人"等专业术语，让小李更是如坠入云雾中。小李虽心生反感，但还是耐心地听完了客户的介绍，最后礼貌地拒绝了。

上述两位客服在向客户介绍商品时，都习惯用一些专业术语，如“霸王枨”“罗锅枨”“豁免保费”“费率”等。这些词语若用在同行之间，往往能发挥节省说话时间、加强彼此亲密感及提升效率等作用，但是普通客户却是难以理解的。

在销售过程中，客服应将深奥难懂的技术性或抽象性的理论问题具体化、形象化、通俗化。像上述红木馆天猫旗舰店的客服以及保险公司的客服就在不知不觉中丢失了促成销售的商机。仔细分析一下就会知道，这样的客服将客户当成是同仁在交流，满口都是专业术语，普通客户怎么可能接受？既然听不懂，还谈何购买呢？只有把专业术语用简单的话语表述，让客户听得明明白白，才能达到有效沟通的目的，从而使交易没有阻碍。

# 5 巧用赞美，拉近与客户的距离

赞美别人是一门艺术，如果运用得当，它会助你取得更多的成功；如果运用得不好，则会有拍马屁的嫌疑，让人觉得不够真诚。

每一个人都希望被赞美，适度的赞美不但可以拉近人与人之间的距离，更能打开一个人的心扉。作为一名客服，也需要用赞美的语言去满足客户的心理需求，从而增加客户购买的概率。

## 5-1 通过赞美让客户感到被重视

对于网店客服来说，赞美是拉近与客户之间距离非常有效的方法。如果你赞美得恰到好处，简单几句话就可以让客户敞开心扉，客户也会对你信赖有加。

下面介绍赞美客户时需要注意的几个事项。

### 5-1-1 善于发现客户的闪光点

每个客户都有其独特的个性，善于发现客户的闪光之处，才能把赞美的话说到客户的心坎上。客服不能凭空捏造一个闪光点来赞美客户，一定要根据客户的资料信息、言语分析客户的兴趣爱好、个性特征等，才能找到恰当的赞美点。如对一个热衷跳广场舞的客户说："您的广场舞肯定跳得非常好！"这样的赞美就会引起客户的兴趣。

### 5-1-2　新人说特征，熟人看变化

对于新客户，可以寻找他的闪光点对其进行赞美。但是对于老客户，就要学会寻找对方新的变化对其进行赞美。这样的赞美表明你时时刻刻关注着他，对他的一点点改变都非常了解，客户会因为你的重视而感动，从而更喜欢你的商品。

### 5-1-3　逢物加价，遇人减岁

“逢物加价，遇人减岁。”的意思就是当客户让你判断他的某件物品的价格时，你应当尽可能往价格高的方向去判断，这样会让客户觉得自己有眼光，买到了超值产品；当客户让你判断他的年龄时，你要尽可能地往岁数比较小的方向去判断，这样会让客户感觉自己很年轻，非常开心。

如果你的赞美说到了客户的心坎上，满足了客户的认同感和被重视感，那么客户就会有种遇到知音的感觉。接下来，再与客户谈订单就会容易多了。

**案例 1**

乔山是一位事业有成的商人，他计划为自己的家乡捐建一所学校，为此要置办一批课桌椅。在网上简单沟通后，乔山与某家具旗舰店的客服小林约好了线下商谈。

见面后，小林进行了简单的自我介绍，然后就真诚且自然地开始了赞美。

小林：“乔先生，我在等候您的时候顺便参观了一下您的办公室，真是让人羡慕啊，我要是能有这样的办公室该有多好，这真是我见过的布置得最为巧妙、合理的办公室。”

听完小林的一番话后，乔山神采奕奕地说：“这个办公室很漂亮吧？这是我当年亲自设计的，这里面的布局都是我精心安排的。”

小林仔细听了乔山的话后，走过去用手摸了摸壁板。

小林：“这应该是用意大利橡木做的吧？和英国橡木有一些不同。”

乔山：“没错，这是从意大利运来的橡木。我朋友了解木料方面的知识，所以为我挑选了这些材料。”

小林：“乔先生，一看就知道您对这方面很有研究，我可得好好向您请教请教。”

接下来，乔山开始滔滔不绝地介绍起他设计的房间格局、墙壁的

颜色以及装饰的图案。当他们谈及室内的一个手工木雕时，乔山放下了茶杯走到小林身边，亲切地表明自己打算捐建一所学校，以此回报家乡的人民。于是，小林又恰当得体地称赞了乔山奉献爱心的义举。

小林从上午 9 点进入乔山的办公室，到中午 12 点的时候他们还相谈甚欢。最终结果可想而知，小林成功地拿到了 30 万元的大订单。

在这个案例中，小林开始时就观察出了乔山喜欢听赞美的话，甚至有些虚荣，所以聪明地找到应对方法，通过赞美，让乔山得到满满的认同感和被重视感，最终成功地完成交易。小林表示：“人人都会有虚荣心，而且都喜欢被赞美，特别是一些虚荣的客户，更要对其进行巧妙的赞美。客户听了赞美的话会非常舒服，有种被他人重视的感觉，这对销售百利而无一害。”

## 5-2　真诚的赞美最难以抗拒

赞美是拉近你和客户之间距离最有效的一种方法，赞美要切合实际，要有根据。毫无根据、虚情假意地赞美客户，常常会令客户感到莫名其妙，甚至产生反感。要做到真诚的赞美，应注意以下几点。

### 5-2-1　赞美要真实，不虚假

作为一名网店客服，在和客户交流时，不能凭空捏造出一个优点来赞美客户，捏造出来的优点客户也不会接受。赞美客户的前提，一定是在跟客户沟通的过程中发现的客户身上所具备的优点。客户的优点可以从多方面去寻找，如客户的职业、客户的语言、客户的生活品位等。如客户的品位非常好，就可以直接赞美其品位，如果客户有兴趣谈论，也可以以此为切入点，拉近与客户之间的关系。

当然你赞美的必须是客户的优点，如果你不带有任何判断地赞美了客户的一个缺点，那么你的赞美就会产生负面效果。

### 5-2-2　赞美要适度，不夸张

网店客服必须从已经存在的事实出发，找到客户的优点，对此优点进行陈述和赞美是对客户的尊重与认可，让客户体会到网店客服是发自内心给出的赞美，而不是为了赞美而赞美。

网店客服要用自己的语言表达赞美。赞美不是背诵范例，而应该以自然而然的方式表达。如果你对客户的赞美中，使用的都是一些非常华丽的辞藻，会让客户觉得太做作、不真实。所以，用自然朴实的语言去表达赞美才会达到很好的效果。

网店客服需要在合适的时间真诚地表达赞美。赞美要结合语境，根据客户的情绪，确定客户对赞美的回应，可以增加自嘲的语气，这样有助于调节气氛。当然赞美也不需要时时刻刻都进行，在恰当的时间和场合表达出来，才有诚意。

**案例 2**

一位女士走进一个高档女士服装专卖店，马上就有一个导购走上前去接待：“亲，您的包真漂亮，是米兰今年最流行的款式吧？”

女士回答道：“是啊，前天刚买的。”

导购面带笑容：“您气质这么好，这个包的颜色和款式对您来说，最合适不过了，如果再搭配一套我们店里最新款的裙子，就更完美了。”

女士一听，高兴地说：“那就拿来让我看看吧！”

于是在导购的细心介绍下，这位女士十分满意地买下了一条裙子。

导购又说道：“您身材这么好，穿上我们限量版的高跟鞋，肯定更会与众不同的。”

在导购的耐心介绍下，这位女士又高兴地买下了一双价格昂贵的鞋。

女士结账的时候说：“你们的服务态度不错。”

上述案例的成功之处就在于这名导购并没有在女士走进店里的那一刹那就向她推荐服装，而是以她背的名包作为切入点，以“亲，您的包真漂亮，是米兰今年最流行的款式吧？”为开场白，先赞美这位女士的包时尚且名贵，让她从心理上放下戒备，从而拉近了彼此的距离。然后再向女士介绍衣服，让她在心理上有一个过渡，否则，若女士一进门，客服就喋喋不休地向她推荐，很容易在情绪上造成反感，最终失去成交的机会。

一般情况下，客户是不会拒绝你的真诚赞美的。赞美是说话的一种技巧，也是打好心理战术的一个好方法。真诚的赞美是销售沟通的一个良好开端，再加上你的信心和耐心，一般都能打开客户的心扉，使客户有购物的冲动，那么成交的概率就大了。

## 5-3 有针对性的赞美

通过赞美赢得客户的前提是你的赞美能够让客户信服，这就要求赞美必须有针对性。

### 5-3-1 对不同年龄的赞美

对于婴幼儿，客服可以用皮肤细嫩、白白胖胖、招人疼爱、乖巧可爱等语言赞美。对于儿童，客服可以用活泼开朗、有礼貌、有童真童趣等语言赞美。婴幼儿和儿童的父母是客服主要面对的客户，赞美客户的孩子，比直接赞美客户本身更能令客户高兴。

对于年轻女性，客服可以赞美她们美丽大方、优雅时尚、持家贤惠、有内涵和品味；而对于年轻男性，可以赞美其潇洒、办事效率高、重情义、为人直爽、不拘小节等。

对于年龄偏大的客户，要倾向于赞美过去的辉煌岁月，如创造过某某业绩、经验丰富、乐于提携晚辈等。

### 5-3-2 对不同对象的赞美

实用主义者看重的是商品的功能与性价比，比较追求实用性，网店客服可以赞美这类客户勤俭持家、动手能力强、善于规划、能够发现生活中的细节等。

对于知识分子型客户，网店客服可以赞美其博学多识、知识渊博、学习能力强、专业技能扎实等。

对于有经验的商人，可以赞美其生财有道，表示要向其学习经商之道。

**案例 3**

一位跨国公司中国区的总裁 18 岁时从事的工作是化妆品推销，这个工作需要他去拜访陌生客户，但是他又害怕遭到拒绝，因此业绩一直很差。

有一天，经理将他叫出来，说："你今天跟我去拜访客户。"他们一块走到马路上，经理看到马路对面有一个年轻漂亮的女孩正在等公交汽车，就对他说："我现在过去向那个女孩推销化妆品，一定会成功。"

他听了经理的话，心想，经理怎么这么有把握？谁知道那个女孩会不会冷脸拒绝呢？但是经理走了过去，开始和女孩攀谈，10分钟后，经理卖出了两盒化妆品。

他问经理：“你是怎么卖出去的？”经理说：“很简单，我走到她身边，对她说，像今天这样毒辣辣的太阳，经常晒的话，皮肤怎么会健康呢？”

他问：“然后呢？”经理笑了：“然后，她从随身携带的小包里拿出一面小镜子照了照，接着就向我请教美容护肤的问题，我的产品自然就卖出去了。”

这是一次让他极为震惊的现场教育，他从经理身上学到了如何跟陌生人说好第一句话。原来，不被陌生客户拒绝的最好办法，就是在说第一句话时，不给他们拒绝的机会。

第二天，他就走上街头，开始试着跟陌生人交谈。两年后，他就成为这家公司最棒的推销员，被提拔为营销部的经理。

他说：“与陌生人交谈，光有决心是不够的，还需要根据当时的场合、对方的身份，设计一个恰到好处的语境。你的第一句话一定要让对方感兴趣，第一句话表达的内容，必须是对方非常关注的事情，这就需要你在攀谈前，对这位陌生客户有一个准确的基本判断。”

从这个案例可以看出，这个经理对不同对象的销售方式是有针对性的。同样，赞美也需要根据当时的场合、对方的身份，设计一个恰到好处的语境。

作为网店客服，要因人而异地赞美客户，让对方感受到尊重和欣赏，让客户以最舒心的状态购买自己的商品，从而使销售工作达到事半功倍的效果。

### 5-3-3　落到实处的赞美

网店客服要从具体的时间入手，将赞美落到实处，即使是最微小的长处也要抓住时机进行赞美。赞美的语言越翔实具体，越能说明你对客户的了解程度深，也越能拉近彼此之间的距离。比如，学识丰富、见识多之类的夸赞是非常表面的，只有说出客户具体在哪个领域学识丰富、见识多，并且做出了什么让人敬佩的事，才能让客户感到你是真的重视他，发现了他的与众不同之处。

**案例 4**

小丽进入一家服装网店买衣服，她看中了一条牛仔裤，但是看了很长时间都没有下单。

客服：“您真有眼光啊，这条牛仔裤是我们店刚到的新款，颜色和款式都非常时尚。”

小丽：“真的吗？其实我也很喜欢这条牛仔裤，但是好像颜色有点儿浅啊，浅色裤子很容易脏。”

客服：“嗯，颜色比较浅的裤子确实容易脏，但是现在天气开始热起来了，浅色的裤子穿起来才会感觉清爽啊。在夏天这样的裤子通常是要两三天一洗的，因此您不用担心容易脏的问题。”

小丽：“呵呵，说的也是啊。”

客服：“您方便说一下您的腰围吗？我看有没有适合您的尺码。”

小丽：“一尺九。”

客服：“您的身材真标准，您拍 26 号的刚刚好。这条裤子最能凸显您的身材，您穿上肯定非常漂亮。”

最后，小丽高兴地买走了牛仔裤。

从这个案例可以看出，客服很聪明，对小丽提出的“浅色裤子很容易脏”的问题，不仅用“在夏天这样的裤子通常是要两三天一洗的，因此您不用担心容易脏的问题。”轻易反驳了小丽，还用了“但是现在天气开始热起来了，浅色的裤子穿起来才会感觉清爽啊。”“您的身材真标准。”“您穿上肯定非常漂亮。”对小丽进行了赞美，让小丽在赞美声中高兴地买走了裤子。

## 5-4 通过第三方赞美增强可信度

第三方赞美是一种间接赞美的方法，包括赞美第三方而间接赞美当事人或者转述第三方的话赞美当事人。与直接赞美相比，第三方赞美更容易让人接受。

### 5-4-1 直接转述赞美

直接转述第三方的赞美之词，既可以让被赞美者接受赞美，又能避免尴尬。在转述第三方赞美时，要加以事实配合，才不会让赞美出现得过于突兀和浮夸。如“上午刚咨询完，下午就过来下单，您的朋友说的没错，您的办事风格就是高效。”

### 5-4-2 关联转述赞美

关联转述赞美是通过与客户有关的事物来表达赞美。比如，客户担心网店的衣服不合身，发来了自己的照片，照片中还有精装修的住房，这时客服可以从住房装饰风格入手。“您家房子装修得真好，我没猜错的话，您一定是个非常注重生活品质的人。”

关联转述必须是与客户紧密相关的事物，而且真实发生过，客服可以借此赞美。与直接表达赞美不同的是，关联转述中除赞美外，还要引导被赞美者说出自身的感受，为后续的销售做铺垫。当然，前提是客服要对客户情况非常了解，其赞美的事件也不是子虚乌有的。

在网店销售中，信息在传播过程中往往会因为传播者人为的加工而发生变化。如果对方是经由他人间接听到你的称赞，会比他直接听到你对他的赞美更多一分惊喜。相反，如果是批评对方，千万不要通过第三者告诉当事人，避免添油加醋。这个道理也告诉我们：不要在背后说人坏话，而应常常在四处道人优点。

**案例5**

客户：“这个按摩器我买两个，包邮吧？”

客服：“亲，抱歉，我们的价格已经很低，不能再包邮了。上次有个北京的客户一次性买了20个都没有包邮哦。”

客户：“我怎么知道你说的是真的还是假的，包邮吧，我懒得还价了。”

客服：“亲，不好意思，我们原来是每增加一件商品加收运费一元的，我可以免掉加收您的那一元，行吗？这个是底线，我们真的不能再便宜了。”

客户：“你看我都买了两个了，你就包邮不行吗？”

客服：“亲，真是太对不起了，我们从来不在快递上赚一分钱，快递收我们多少，我们就收您多少。不仅没有一点儿利润，有时候还需要贴钱，所以希望您能理解，我们也是有原则的。”

客户：“算了，我下单了，等发货后把单号发给我。”

客服深知这位客户非常难缠，估计很难拿到好评，于是就去浏览客户的空间。然后客服对客户说：“亲，空间里的照片是您吗？我同事看了都说您长得非常英俊呢！”

客户被客服突然的赞美逗乐了，发了一个害羞的表情，最后客户收货后给了客服很不错的评价。

从这个案例可以看出，通过第三方赞美获得客户好感，会使赞美更加有效果。原本客户不满意，经过间接的赞美，意外地让客户给出了好评。因此，客服在与客户打交道的同时，必须时刻明白什么话该说，什么话不该说，容易引起客户反感和误解的话千万不要说。赞美时要照顾客户的感受，准确表达，否则，即使是赞美也会弄巧成拙。

### 5-4-3 贬低自己、抬高对方的赞美

通过贬低自己来抬高对方的赞美方式，可以让对方更有心理优越感。客服可以抓住时机，以自嘲的语气来贬低自己，进而达到赞美对方的目的，这样做，既有幽默感也不会让气氛过于尴尬。

例如，“我自己是个马马虎虎的人，听某某客服说您总是一丝不苟，通过今天的短暂沟通，感觉果然如此，太惭愧了，我必须向您学习！”“我对数字不敏感，可您竟然这么快就算出来了，真让我羡慕！”

## 5-5 赞美要把握分寸，恰到好处

在赞美时要掌握一定的技巧。赞美是一件好事，却不是一件容易的事，没有技巧和分寸地赞美客户，很可能将好事变成坏事。

### 5-5-1 适当的赞美

适当的赞美，就像润滑剂，能增进人际关系。过分的赞美，会让对方觉得你虚伪和别有用心，反而破坏双方的关系。所以，适当地进行赞美才是最好的方式。

### 5-5-2 做出符合情景的赞美

赞美时把握时机很重要。最好的赞美时机是什么时候？应当是与客户聊到某一个问题时，做出符合情景的赞美。比如当你与客户谈论商品的优势时，你可以询问客户对商品的判断，当客户做出判断时，你能趁机做出适当的评价：“对，您的判断非常深刻！我们老板也是这样认为的。”这样的赞美是客户想要听的。当客户对某一问题说出自己的看法后，对客户的见解或行为加以赞美好过盲目地赞美客户真厉害、真懂行。

## 案例6

华森是一家电力公司的推销员。一天，他来到一所看起来比较富有且整洁的农舍门前。敲门后，查理太太从门内探出头来。当她得知华森是电力公司的销售代表后，便猛地把门关上了。

虽然出师不利，华森却并不服输。他决定换个方法，再碰碰运气。他改换了口气，大声地说：“查理太太，很对不起，打扰您了，不过我今天来拜访您并非为了公司的事，我只是来向您买一点儿鸡蛋。”听到这句话，查理太太的态度稍微温和了一些，把门开了条小缝。华森接着说道：“您家的多明尼克种鸡长得真好，瞧它们的羽毛多漂亮、多光滑。您能否卖给我一些鸡蛋呢？”

门开得更大了，查理太太好奇地问华森：“您怎么知道我养的是多明尼克种鸡？”

华森知道自己的话已经打动了查理太太，便接着说道：“我家也养了一些鸡，可是没有您喂养得这么好，饲养得这么好的鸡我还真是没见过呢。而且，我养的鸡，只会生白皮的蛋，不知道查理太太有什么技巧能让鸡下红皮的蛋。您是知道的，做蛋糕的时候，用红皮的鸡蛋，要比白皮的鸡蛋好很多。我太太今天要做蛋糕，需要几个红皮的鸡蛋，所以我就跑您这里来了。”

查理太太一听这话，感到十分高兴，于是不再有戒备心理，立刻从屋里跑了出来。华森则利用这短暂的时间，瞄了一下四周的环境，发现查理家拥有整套的奶酪设备，于是继续恭维道：“我敢打赌，您养鸡赚的钱一定比查理先生养乳牛赚得多。”

这句话说到了查理太太的心坎里，她十分高兴。因为长期以来，查理先生不承认这件事，查理太太则总想把自己得意的事告诉别人。查理太太和华森互相交流养鸡经验，相处得十分融洽，几乎无话不谈。

最后，查理太太在华森的赞美声中，主动向他请教用华森所在电力公司的电的好处，华森给她做了详尽的解答。两周后，华森在公司收到查理太太交来的用电申请书。

从这个案例可以看出，每个客户都会有自己的闪光点，仔细观察，找到客户的闪光点，并真诚、适当地夸奖它，客户一定会很高兴。在遭到客户拒绝时千万不要放弃，如果你能像华森那样善于观察，就有可能得到客户的好感，这样一来，还愁你的商品卖不出去吗？

## 5-6 积累常用的赞美语言

在平时可以多积累一些赞美的话，这样在遇到对应客户的时候才不会词穷，下面就给大家整理了一些赞美的话。

### 5-6-1 常用的赞美参考词语

相貌堂堂、举止文雅、英俊潇洒、气宇不凡、玉树临风、仪表堂堂、眉清目秀、才思敏捷、过目不忘、博学多才、见多识广、才高八斗、学富五车、一鸣惊人、谈吐不凡、一针见血、一气呵成、出口成章、出类拔萃、坚忍不拔、艰苦奋斗、无与伦比、日理万机、英明果断、齐心协力、别出心裁、得心应手、知书达理、能说会道、平易近人、多才多艺、才貌双全、出口成章、仪表堂堂、年轻有为、气度非凡、精力充沛、眼光独到、名利双收、心想事成、足智多谋、神采奕奕。

### 5-6-2 赞美男性客户的常用词语

爽快、待人和气、为人直爽、很有学问、很有洞察力、想法独特、意见独到、办事效率高、很有男人味、很有气质、很有安全感。

### 5-6-3 赞美女性客户的常用词语

保养得非常好、干练、心灵手巧、心细如发、通情达理、气质优雅、井井有条、容光焕发、神采奕奕、眉清目秀、落落大方、举止高雅、心思细腻、善解人意、气质高贵、超凡脱俗、身材苗条、体态轻盈、心直口快、博学多才。

### 5-6-4 一般女客户喜欢听的赞美语

① 您的身材好棒，穿什么衣服都很合身，我真的很羡慕您。

② 看得出来您非常有女人味。

③ 和您谈话对我来说是一种享受。

④ 看得出来您是一个才女，和您谈话让我学到了很多。

⑤ 您已经当妈妈了吗？您的身材怎么恢复得这么好，一点儿都不像生过小孩的人。

⑥ 感觉出来您是一个非常有品位的人。

⑦ 看得出您是一个非常细心的人，做您的老公一定很幸福。

⑧ 看得出来您是一个非常懂得生活、懂得享受的女人。

⑨ 您的眼光与众不同，非常独到。

⑩ 您提的建议非常好，我一定向领导转达您的想法。

⑪ 从您挑选的商品可以看出，您说话做事非常干脆利落，想象得出您是一个做大事的人。

⑫ 看得出您是一个知识渊博、知书达理并且温柔的女人。

⑬ 您穿这件衣服真是太显气质了！

⑭ 您的面相一看就是富贵之人。

⑮ 您的眼睛真大，看起来非常有灵气。

⑯ 您平时肯定很注重饮食和运动，要不然肤色和身材怎么会这么好。

### 5-6-5 一般男客户喜欢听的赞美语

① 您的眼光与众不同，非常独到。

② 您真幽默，感觉您是一个非常懂得生活的人，我真羡慕您的爱人。

③ 您提的建议非常好，我一定向领导转达您的想法。

④ 看得出您是一个非常细心的人，做您的妻子一定很幸福。

⑤ 感觉您是一个非常有品位的人。

⑥ 从我们今天的谈话，感觉您平时做事很有激情，并且亲和力非常强。

⑦ 感觉您全身上下充满活力，您平时一定是一个非常爱运动的人。

⑧ 您取得了这么大的成就，工作还这么努力，我要好好向您学习！

⑨ 像您一样考虑问题这么细，不成功都难。

⑩ 从您的谈吐就知道，您是一个做事认真负责的人。

⑪ 看得出您是一个知识渊博、知书达理并且见多识广的人(一般形容戴眼镜的男人比较恰当)。

⑫ 你今天的精神非常好，这段时间看得出来您的运气非常好，和您接触我也沾喜啊。

⑬ 我非常欣赏您这种人，和您谈话我感觉很愉快。

⑭ 从您挑选的商品可以看出，您说话做事非常干脆利落，想象得出您是一个做大事的人。

⑮ 今年您的财气会非常旺。

⑯ 从您挑选的商品看，您平时做事相当实在。

# 6 客户迟疑，给客户吃下定心丸

很多新客户对网上购物存在疑虑，如怀疑网购是否存在安全隐患，网购是否存在欺诈行为，网购的商品质量是否可以得到保证等。打消客户心里的疑虑，才有可能把潜在客户变成真正忠实的客户。

## 6-1 商品质量有无保证

在销售过程中，客户如果对商品的质量问题产生疑虑，就不会轻易做出购买决定，对于有疑虑的客户，网店客服必须做出解释。那么，客服该如何消除客户对商品质量的疑虑呢？需要注意以下几个方面。

### 6-1-1 注意表述语言

客户对商品的认知不仅来自商品本身，也来自网店客服，要消除客户的疑虑，很重要的一条就是把握好表述语言。客服回答客户的问题时要专业、不生硬。只有给客户留下好印象，客户才有可能对商品有兴趣、有信心，愿意购买。

客服最好提前思考并搜集一些客户会产生疑虑的问题，如商品或服务上存在的缺陷、交付能力等，为每种疑虑都准备最有力的回答和一套切实可行的解决方案。

客服工作是直接跟人打交道的工作，工作中需要大量的沟通，虽说一般情况下，很多事情都能沟通得清楚、交流得愉快，但毕竟每个人的性格、脾气不一样，面临的事情也不一样。遇到问题时，客服是否能够掌握专业的沟通技巧，体现自己的沟通能力，很好地化解客户的不良情绪，尽快解决问题就显得很重要了。

沟通能力表现在两个方面，一是沟通技巧的合理运用，面对客户汹涌而来的负面情绪要能够学会安抚客户，先解决客户情绪再处理问题；二是能够把控沟通局面，在与客户沟通过程中，最忌讳的就是客服一味抢话、一心想要压过客户，这是非常错误的做法。有些不成熟的客服在与客户发生争论时，往往一心想要占得上风或是面对不懂行的客户表现出自己高高在上的姿态，这些行为不但不利于解决问题，而且容易激化矛盾，让客户产生服务非常差的感觉。优秀的客服要懂得赞美、认可客户，并且保持友好谦虚的态度，在客户抱怨时，能够不打断对方并且在恰当的时机切入自己的观点，把控局面。

### 6-1-2 专业技能过硬

客服的主要工作内容是为客户解答疑惑、解决问题、达成交易，完善售后服务，所以需要对网店、商品及业务情况非常熟悉，这样才能在工作中流畅、快速地为客户提供高效服务。

商品自身的特点、物流、退换货规则等，客服都要熟记于心，让客户感受到客服足够专业，有能力为客户解决问题，以降低客户对商品的中、差评率。

### 6-1-3 坦诚告知可能的风险

任何商品都不可能保证百分之百安全高效，可能会有一定的风险或瑕疵。如果客服在与客户沟通时没有提前告知，而客户就因为一点小小的瑕疵产生了不愉快的使用体验，那客户必定会认为“这个商品真不怎么样，以后再也不会买了！”所以，客服要完全了解自己的商品所存在的风险和客户可能不满意的地方，并坦诚告知客户，说明相应的解决措施，才能赢得客户的信任。

### 6-1-4 给客户安全感

很多时候，客户表面上是怀疑商品的质量，实质是对商家的不信任。所以处理好客户疑虑问题的关键是取得客户的信任，让客户相信你说的话。

为了让客户心理有安全感，客服就必须加强自身的业务能力，不能草率地对待客户。专业是质量的保证，对商品了解得越深，对行业理解得越透彻，你的信誉度和业务能力也就越高。作为一名客服，如果对商品的专业知识都不是很了解，那么客户怎么能相信你呢？所以，千万不能让客户怀疑你的业务能力。

保证质量、假一赔十、七天无理由退换货、权威质量认证证书等，都可以给客户安全感，让客户信任网店及所销售的商品。

## 6-2 商品规格如何选择

网络购物虽然方便、快捷，足不出户就可以买到商品，给生活提供了便利。但是网络购物时不能直观地看到商品，只能根据网上的图片来选择购买，而有些图片与实物可能会有一定的差距，所以客户在购买时可能会犹豫不定，这时客服要具备相关的专业知识来解除客户的疑惑。下面主要以服装这种商品为例进行说明。

### 6-2-1 商品颜色是否有误差

颜色的分类可谓五花八门。如红色可以细分成橘红、桃红、玫红、西瓜红、粉红等。而服装类商家为了迎合客户，更是绞尽脑汁地将颜色描述得非常好听，如香芋紫、清新绿、玫瑰红等。然而对于客户来说，再好听的名字也没有用，因为色差是任何淘宝服装店都难以避免的问题。

当淘宝商家将出售的服装拍成照片放到网店里时，由于拍摄的光线不同、每个用户显示器的明暗、亮度不同，就会造成同一张图片在计算机或手机上看见的与拿到手的有一定的颜色差异。遇到这种情况怎么办呢？客服要明确色差问题的判定。如果拍下的商品是红色的，结果收到是绿色的，那肯定不是色差问题，而是发错商品了。如果确定不是发错商品后，那么就是色差问题了。如果商家拍摄的照片没有过度曝光以及修饰，那么这种色差属于正常范围内的色差。

对于商家来说，为了避免色差，应尽量还原商品的真实颜色，美工修图的时候不要过度调整商品颜色。另外，在商品描述中应尽量保证有室内和室外两种类型的图片，或者将厂商提供的模特图与自己拍摄的实物图片做对比展示给客户。

现在很多客户在购买衣服后，都喜欢把自己收到的衣服照片展示在商品评论区中。客服可以提示客户通过评论区中的照片判断衣服的真实颜色，做到心中有数后再下单。

事实上，关于色差的问题，每个人的看法不一样。而且，同一件衣服，不同修图工具修饰出来的效果可能各不相同，不同商家的文字描述更是五花八门，那么如何帮助买卖双方确认究竟是色差问题还是颜色不符？商家在拍摄商品图片时可以在商品旁边放一张百元人民币，让客户进行颜色参考。

### 6-2-2 商品尺寸的选择

要帮助客户选择合适的衣服尺寸，首先要了解客户身体各部位的尺寸。在客户量体时需要提醒客户，皮尺应与身体平行，尽可能贴身测量，不留余量。测量时，被测者应立正站直，双手自然下垂，最好穿较紧身的衣服，以保证尺寸的准确性。

同时，要注意观察体型特点，有特殊部位要注明，以备选择尺寸时参考。

几个常用部位的测量方法如下：

胸围：皮尺在胸部最丰满位置水平环绕一周。

腰围：皮尺在腰部最细位置水平环绕一周。

臀围：皮尺在臀部最丰满位置水平环绕一周。

衣长：由前身左侧脖根处，通过胸部最高点测量所需长度，一般视款式特点而定。

袖长：由左肩骨外端顶点量至手的虎口，按款式需要增减长度。

肩宽：由后背左肩骨外端顶点量至右肩骨外端顶点，皮尺在后背中央贴紧后脖根略成弧形。

一般来说，合身的衣服尺寸是按照身体的净尺寸加上放量得出的，不同的衣服放量有所不同。对于有弹性的衣服，上衣比净胸围多出 2 厘米，裤子比净臀围多出 2 厘米即可。而没有弹性的衣服，就要更宽松些。以衬衣为例，一般收腰、贴身的衬衣，胸围的放量为 6~8 厘米，腰围的放量为 8~10 厘米。比如净胸围 85 厘米，净腰围 68 厘米，则应选择胸围为 91~93 厘米，腰围为 76~78 厘米的衬衣。大衣胸围的放量为 12~16 厘米。通常裤子的腰围是没有放量的，也就是说与实际腰围相等即可。牛仔裤的臀围放量为 1~2 厘米，西裤的臀围放量为 3~5 厘米。

## 案例 1

娇娇在一家女装淘宝店买了一件大衣，但收到衣服后发现，虽然衣服很漂亮，但实物尺寸与网上描述不符。

娇娇与该网店的客服进行了沟通，在了解客户所描述的实际情况后，客服主动提出，网店加入了淘宝消费者保障计划中的“如实描述”服务，如果出现商品与网店内容描述不符的情况，商家可以给予退换货处理。而且，客户可以直接选择退货退款，商家会进行视频测量，如果确实像客户反映的一样，愿意给客户全额退款，且承担客户寄回货物的运费。与此同时，商家会及时更改对商品的描述。

对于该商家的处理，娇娇不太满意，毕竟自己花了不少时间才挑中了这件心仪的衣服。如今只是对商品的实际尺寸与网上描述不完全一致有些许不满，并不想退货。于是，娇娇告诉客服自己不再追究了，客服了解情况后却主动表示应该承担自己的责任，愿意退一小部分货款给她表示歉意，同时会补发一份小礼物。

对于该商家的贴心服务，娇娇非常满意，最后还给了该商家一个中肯的好评：“衣服质量很好，做工也不错，只是尺寸与描述有些差异，卖家的服务很好，这里要狠狠地赞一个。”该商家表示：“经营网店就要秉持全心全意为客户服务的理念，尽管因为尺寸上的一些小问题让客户不是很满意，但也不想因此错过一个客户。”

对于商品尺寸问题，不仅有些客户不懂得其中的门道，不会选择适合自己的商品，一些商家也不太精通尺寸测量，导致尺寸描述与实际不符，才出现上述案例中出现的情况。因此，客服应该学习关于尺寸测量的相关知识，根据客户提供的尺寸为客户推荐适宜的衣服。

## 6-3 商品的价格与品牌

商品的价格与品牌是影响客户购物的重要因素，如果客户在这方面有疑虑，作为客服要学会一定的沟通技巧，打消客户的疑虑。

### 6-3-1 商品的价格

从别人的腰包里掏钱确实不易，这也是为什么很多人说销售工作非常锻炼人的意志，优秀的客服大多是在客户不断的拒绝中成长起来的。

客户以“价格太高了”为理由迟疑付款的时候，很有可能是因为另外一家店的价格更低，客户暂时无法做出选择，如果这时客服主动选择降价，显然不是明智之举，客服要想办法掌握客户对商品的评判标准，突出自家商品的优势，弱化价格因素的影响。

客服在销售的过程中，常常会遇到这样的情景，客服通过对话聊天窗口向客户热情介绍了商品，以为客户马上要购买时，客户却说“等到搞活动时我再买。”或是“明天再买。”客服应该怎么面对呢？如果客服回复“我们的商品从来不搞活动。”或“现在不买，过两天就没有了。”这种带有明显讽刺语气的话，只会让客户反感。客服可以这样理智地回应：“我们这款商品搞活动的频率非常低，即使搞活动，那时的价格也不可能跟今天的一样，综合对比，现在买很划算。”或者说：“今天您不买也没有关系，我先给您介绍一下，等以后搞活动的时候，您可以做到心里有数。”

### 6-3-2 商品的品牌

当客户以“我从来没有听过这个品牌”为理由迟疑时，很有可能出于以下两种原因。

① 这个品牌听都没有听过，品质让人担心。客户会怀疑没有听过的品牌的商品品质是不是过硬。对商品品质没有信心，当然就不会购买。客服要传递商品品质过硬的信息，例如，该商品通过了哪些认证，获得了哪些证书，有哪些权威媒体正面报道，有哪位明星代言人等，这些都可以为商品的知名度和品质加分，也可以让客户直接在网上查阅相关信息，增强真实感。

② 有购买意向却担心品质出现问题。当客户对没有听过的品牌确实有购买意向，也想试试新品，却担心出现质量问题时，客服要针对客户担心的问题做出解释，尤其是有效的承诺性保障，给客户吃定心丸。

**案例2**

赵华在一家网店看中了一套衣服，售价为 2800 元，他觉得太贵了，可是又非常喜欢，于是开始与客服讨价还价。

赵华："这套衣服太贵了，能不能便宜点儿？"

客服："真的不贵！这可是意大利名牌，又是今年的最新款，我们卖得很便宜了！您有心买的话，我给你打个九五折。"

赵华："六折！"

客服："不可能！哪有那么便宜，我们进货都进不来，如果有那么便宜的，您卖给我好了。这样吧，看您真心想买，给您最低价，九折！"

赵华："九折太贵了，最多七折，卖不卖？"

最终，赵华还是没有下单，因为客服虽然给了折扣，但是没有达到他的预期。试想，如果客服最初坚持不让价，通过沟通向赵华介绍产品品牌与品质，给客户传达一分价钱一分货的观念，那么可能有以下交流过程。

赵华："这套衣服太贵了，能不能便宜点儿？"

客服："是的，这套衣服确实有点儿贵，但是一分钱一分货，这件衣服是意大利名牌而且是今年的最新款，这个价钱是非常值的。便宜没好货，而且您也看不上呀！像这么名贵的衣服最适合一些优雅的男士穿，比如像您。"

听完这番话，赵华估计会衡量一下自己的承受能力，如果可以承担，必定会下单。

这个案例很好地说明了一个问题，客服面对客户提出的不合理的价格要求，要学会拒绝。打折意味着商品价格高于价值，对于商品本身的形象是不利的，也不一定利于销售，拒绝打折意味着商品已经是最低价，是物有所值，让客户将关注点放在商品的使用价值上，反而会促使客户放心购买。

## 6-4 商品的发货与到货

客户购买商品后，最关心的就是商品能否及时发货与到货、发货时的运费谁来承担等问题，这些问题是客服肯定会遇到的，客服在回答这些问题时一定要实事求是，避免因为发货与到货问题而影响客户的购物体验。

### 6-4-1 是否包邮

当客户咨询购买的商品是否包邮时，客服首先需要问清楚客户的地址。如果是包邮地区，客服可以回答："您好，这款商品现在做活动，是包邮的。"如果是偏远地区，无法包邮的话，商家必须在运费模板中设置该区域的相应运费，且在商品的详情页中详细说明。客服可以说："您好，这款商品目前价格已经最低了，没有办法给您包邮了。"

大部分客户都不愿意接受不包邮的商品，如何解决运费承担上的矛盾呢？商家可以采取以下措施。

第一种措施是收取少量费用。对于寄送到省外的快递，首重费用一般是 8~10 元，如果你向客户收取了 5 元快递费，客户就会明白 5 元的快递费根本不够，商家需要垫付 3~5 元。这种收运费的方法更容易让客户接受。

第二种措施就是通过设置组合销售为客户提供包邮服务。使用这个方法的前提就是客服要对商品有充分的了解，比如，如果网店主卖的商品价格在 100 元左右，那么设置客户达到包邮标准的总价应当在 120 元左右。达到包邮标准一般要求购买两件或三件商品，最好不要超过三件商品。组合销售包邮要求两种商品要有关联性，而且价格搭配合适。

### 6-4-2 是否及时发货

当客户询问能否及时发货时，客服一定要理性回答。首先，确定客户购买的商品是否有货，在有货的情况下，确认能否按时发货；在没有货的情况下，确认需要客户等多久才有货，这些问题一定要非常清楚地跟客户讲明白，避免后期带来不必要的麻烦。

对于当天就可以发货的情况，客服可以说："亲，如果5点之前付款，没有特殊情况的话，可以给您当天发货哦。"其后如果发生特殊情况，一定要及时跟客户沟通。对于当天不能发货的情况，客服可以说："亲，今天快递已经走了，如果您现在拍下来的话，我们明天早上尽快给您安排发货，请谅解。"用抱歉的语气得到客户的理解。

对于来自全国各地不同性格、不同要求的客户，客服要用平和的心态去解决不同的问题，不要与客户争辩，如果真的遇到居心不良或者特别难缠的客户，可以拿起淘宝的合法武器据理力争。

### 6-4-3　到货是否及时

对于到货时间的问题，客服应当实事求是，不能为了拿到订单欺骗客户。一旦因商品不能按时送达耽误了客户的要事,客户就会投诉商家或者将网店加入黑名单。

一般来说，当客户询问到货时间时，客服应该如实告知客户，跨省快递三四天可以到达；省内快递一两天可以到达。只要客服不和客户乱保证哪天哪刻一定到货，就可以避免不必要的纠纷。

## 6-5　商品的售后问题能否及时处理

对于网购商品，能否提供良好的售后服务对客户来说非常关键。客服在与客户交流售后服务方面的问题时，应当实事求是，要准确地告知客户可以享受到的售后服务内容以及保障时间。

### 6-5-1　进行全面周到的说明

当客户询问售后服务方面的问题时，客服应当知道这是客户准备成交的信号。客服要抓住这个机会做出让客户满意的回答，客户就会吃下定心丸，从而放心地下单。

当客户问："你们的售后服务怎么样？如果出现问题能保证及时处理吗？"客服应该对网店的售后服务进行全面周到的说明："请您放心，我们一直以来都非常重视售后服务工作，而且我们的售后服务也得到了广大客户的好评，这是我们的售后服务条款，您看一下，如果有疑问的话我再为您解释清楚，好吗？"

如果客户继续问："你们的售后服务有没有其他方式？"客服可以回答："我

们还专门设立了售后服务热线，如果您在使用过程中有疑问，可以随时通过电话进行咨询。即使您遇到不是质量原因造成的问题，我们也会想办法帮您解决，让您做到购物无忧！”

### 6-5-2 售后服务的范围

当客户询问售后服务范围时，客服需要先表明售后服务范围，再进一步进行说明，打消客户的售后之忧。例如，可以说：“这个您放心，我们多次获得省级消费者信得过品牌的荣誉，在售后服务方面绝对是有保障的，而且售后服务刚好也是我们品牌领先于竞争者的重要因素之一。为了消除您的后顾之忧，我们对所有出售的商品实行三包服务，请您放心购买。我们会开具有效的售后服务凭证随包裹发出，您需要保存好，以确保我们为您提供更好的服务。”

### 6-5-3 退换货流程

如果客户下单前询问：“商品是否可以退换？”客服可以表明商品支持“七天无理由退换货”，另外从以下几个方面给客户详细解释。

① 表示商品可以退换。可以这样说：“如果收到商品不满意，请第一时间联系我们，在不影响商品二次销售的情况下，请在 48 小时内联系我们退换货。”

② 关于运费，客服可以这样解释：“如果是商品质量问题造成的退换货，我们承担运费，但是由于您个人原因，如不喜欢、尺寸不合适、没有想象的好等造成的退换货，需要您承担来回运费。另外，请当着快递员的面检查快递件无误后再签收。”

③ 关于退换货流程，大多数淘宝网店都是通过软件进行发货和退换货登记的，如果没有订单产生，很难调货出库。因此退货和换货是分开进行的，如果客户需要换货，可以先申请退货退款再重新下单。

将商品的退换货服务和客户讲清楚，也可以在很大程度上降低后续过程中出现退货纠纷的概率，对商家和客户来说都有益处。

# 7 紧跟物流，不让客户等

随着电子商务的蓬勃发展，物流行业得到了前所未有的飞速发展，各类物流公司如雨后春笋般崛起。物流公司作为第三方支持，对淘宝网店的影响是非常大的，有时尽管网店的商品质量与服务都没有问题，但是如果物流服务不周到，也会损伤网店的品牌形象，所以，找一个靠谱的物流公司是至关重要的。

目前，国内有众多优秀的物流公司，如顺丰、中通、圆通、申通、百世、韵达、京东等，这些物流公司各有各的优点，有的快递费用便宜，有的运送速度快，有的服务好。选择一家靠谱的物流公司，会对自己的网店销售带来积极的影响。

## 7-1 选择靠谱的物流公司

### 案例 1

家住北京的李萍在淘宝成功上线了自己的蛋糕店，只提供同城配送。为了宣传推广，李萍选定了北京的一些高档小区，让居民现场免费品尝她制作的蛋糕，并因此收获了不少订单。

李萍对网店的物流服务要求很高。一方面，她选择了一家按订单同城配送的物流公司，并且必须在 6 小时内送达；另一方面，如果有客户发现收到的蛋糕有变形、变质等意外情况，可以拒绝签收，直接退回。由于快递服务做得好，李萍蛋糕店在淘宝线上的月营业额最高时超过两万元。

李萍称，如今物流网络已非常成熟，省内快递第二天就能送到。下一步，李萍考虑把网店的客户范围扩展到北京周边城市，如果有可能还会向外省延伸。

李萍的蛋糕店之所以小有成就，与第三方物流的支持不无关系。对于商家来说，找一家靠谱的物流公司对网店的经营来说非常重要。

选择物流公司要注意以下几点。

**(1) 送货速度较快**

物流公司的时效性主要表现为两个方面：一是物流公司的取件时间；二是物流公司的配送速度。作为客户来讲，当然希望商品越快送到自己手中越好。选择送货速度较快的物流公司对于提升客户的购物体验有很大帮助。

**(2) 安全系数高**

在商品的运输环节中，最让买卖双方感到为难的便是快递的掉件和损坏，由于某些物流公司在运营过程中的制度和监管不够完善，快递员对快件往往粗暴对待，甚至偷梁换柱，客户不清楚整个过程的始末，自然会将一切商品问题归咎于网店，所以网店在挑选物流公司时，最好选择具有一定规模、在全国各地网点较多的物流公司，这类物流公司服务质量较好，可以避免很多后顾之忧。

**(3) 服务态度好**

客户在购物的整个环节都需要享受优质的服务，物流环节也不例外。客服服务客户的态度，网店自身是可以控制的，但快递人员的服务态度网店就很难把握了。所以网店在选择物流公司时，要偏向于那些对快递员的工作监管较为完善的公司，这类公司往往会设立一些投诉监督机制，供客户和网店监督。

**(4) 费用合理**

物流运输是有成本投入的，网店在选择物流公司时还要结合网店的规模，本着节约成本的原则，节约物流环节的支出费用。在物流市场，除了以运输速度为优势的顺丰快递之外，那些中大规模的物流公司，如圆通、中通等物流公司的快递费用相差不大，而类似于天天快递、汇通快递这类小规模的物流公司的首付费用则会便宜一些。网店需要考虑各方面的因素选择物流公司。

## 7-2　为商品打包

商品在交给物流公司前，客服需要对商品进行打包，以减少商品运输过程中的损毁。为商品打包要遵循以下几个原则。

### 7-2-1 不易拆封原则

为了减少商品在运输过程中因碰撞、甩撞而引起损毁，商品需要硬质、抗撕裂、抗戳穿性能的外包装，如纸箱、文件封、包装胶袋等，使用了这样的外包装之后，需要用胶带进行密封，在密封过程中，客服要将胶带缠于箱子的所有开口位置，这样可以避免商品在运输过程中从包装中脱落，也能预防他人私自拆封。

### 7-2-2 无损商品原则

商品在运输过程中可能出现损耗，尤其对于一些易碎商品。客服在对商品进行包装时，就要预防商品在运输过程中被损坏的危险。客服需要学习内包装的包裹方法：在包装盒内放置一些具有缓冲功能的填充物，如珍珠棉、泡沫、纸卡等，让商品在包装盒内能够基本保持固定。

### 7-2-3 礼貌提示原则

快递工作是一个环节紧扣一个环节的，客服想对运输这件商品的所有快递员的工作进行追踪是不可能的，那么如何将自己的要求传递给快递员呢？可以在外包装上贴上一些轻松幽默的温馨提示贴纸，如“加急”“易损品”“辛苦您了”这些话语，不仅可以让负责运输商品的快递员感受到网店的诚意，还能将网店的需要在第一时间传递给快递员。条件具备的话，可以在包装内附赠一些小卡片、小饰品或其他礼物，这会让客户产生商品超值的感觉，而且得到意外的礼物，客户对网店的好感度也会增加。

## 7-3 给客户留言物流状态

作为一名网店客服，要随时跟进物流状态，掌握商品的运输踪迹，这样等客户询问的时候，才能有效应答，让客户满意。客户下单后，客服需要做到以下几点。

### 7-3-1 确认收货地址

客户下单后，客服要向客户核实收货地址、姓名、联系电话等信息。有许多客服向客户确认收货信息时发现，有的客户要修改收件人，有的客户要修改联系电话，也有的客户是给别人买东西，收件地址没有及时更改，所以一定要跟客户确认收货地址等信息，这是减少因地址错误或电话无法联系而造成收货延误最好的方法。

### 7-3-2 收货地址是否在服务区

确认客户的收货地址等信息后，客服还需要确认客户的收货地址是否在网店合作的物流公司服务范围内。如果不在物流公司的服务范围内，可以与客户协商换地址或者换物流公司。否则，等商品寄到指定地点才发现超出物流公司的服务范围，再退回网店重新邮寄，既增加费用又耽误时间。有些物流公司对某些地址的投递效率可能较低，拖了四五天甚至更长的时间才处理无法投递的快件，使客户等待时间太久，这必定会影响网店在客户心中的形象，出现此类问题时要尽快进行处理，避免因此引来客户的中、差评评价。

### 7-3-3 及时发货

没有人喜欢一直等待，所以应尽早发货，免得让客户催促。一般来说，每天下午四点之前的订单都应当保证当天发货。假设某服装网店下午四点截单，如果四点过几分钟的时候有客户下单,这时快递员还没来取件,为什么不能打包一起发走呢？很多网店都是提前进货有库存的，早点发货也能早点回款，客户开心，网店也有利，不是皆大欢喜的事吗？

客服可能认为发货之前需要认真检查，匆忙发货容易出现问题。那么，依然以下午四点多的订单为例，如果当天实在无法发货，可以第二天一早填单发货。就算第二天早上填快递单，快递员也是下午才来取件，这时可以告知客户："你的商品已经打包好了，开始进入物流程序了。"设想一下，如果客户购买了商品，商家迟迟没有更新物流信息，客户会不会猜测："是不是缺货了呢？是不是商品出问题了呢？还是商家有什么问题不能发货呢？"看似小细节的做法，却给客户吃了一颗定心丸，客户会很受用。需要注意的是，如果遇到需要几天后才能发货的情况，不能使用提前填单的方法，否则会被客户投诉虚假发货。

### 7-3-4 发货后告知客户

发货后要及时在系统里点击确认发货并告知客户。客服可以选择短信或阿里旺旺通知的方式告知客户商品的物流信息，让客户放心。

### 7-3-5 查询物流情况

对网店客服来说，经常关注自己已卖出商品的物流情况是一个好的工作作风。这样可以做到及时发现问题，及时解决。查看商品物流信息并告知客户的具体流程是：依次打开“我的淘宝”→“已卖出的宝贝”→卖家已发货详情→“物流和收货信息”→“查看详情”，然后点击单号把查询情况告诉客户。

## 7-4 客户收货

客户收货后，可能发现商品发错、损坏、丢件等问题，这时客服要及时解决客户反映的问题，妥善处理，用贴心的服务化解客户的不满。

### 7-4-1 客户反映发错商品

大多数网店客服都遇到过仓库发错货的情况，除了提高仓库工作人员的责任心，减少出错之外，一旦发现发错货后，客服首先应该承认确实是发错货了，向客户表示歉意，安抚客户的情绪。可以使用下面总结的三种回复方法与客户进行沟通。

第一种：“亲，非常抱歉，由于仓库发货系统编码出错，未能让您收到您购买的商品，您看看收到的这款喜欢吗？是否可以接受？”

第二种：“亲，非常抱歉，因近期网店搞活动，仓库发货量巨大，导致发货系统出现异常。我们已经查看确实是我们的责任，非常抱歉，给您造成不便，请您谅解。我们将承担您的往返费用，为您更换您要的款式。”

第三种：“我们将使用顺丰发出您换货的商品，以节省您宝贵的时间；我们将赠送小礼物表示对您的歉意，希望让您感到我们店铺永远是您心中的一个温暖的家。”

其实，发错货几乎是每一个商家都会遇到的事情，商家只能尽自己最大的努力减少出错率，一旦出错，包邮退换，送优惠券、红包或小礼物安抚客户都是发错货后的处理方法。

**案例2**

梅子是淘宝某建材家居旗舰店的老板兼客服。她曾经处理过一个棘手的客户称发错货的案例。事情经过是这样的，有一位客户买了100个薄头内六角螺丝，本来客户只要几十个样品，经过沟通以后，梅子给他发了100个。由于发货的时候生意不太好，而且库存太多，梅子担心生锈，于是就想多给客户发一些顺便看看这批货怎么样。

客户收货后发来了评价，说商品不错，希望以后能合作。能得到这样的好评，梅子非常开心，毕竟这是最真实的客户评价。然而，当天下午客户却发来信息，责问梅子为什么发错货，要马上退货。客户称自己要的是 8×25 尺寸的螺丝，但是梅子发来的是 8×30 尺寸的螺丝。梅子当即感觉不对，因为这单货是她自己亲自发的，不会犯这样的低级错误。

于是，梅子去查了库存，一看愣住了，库存显示刚好有两款货，一款是客户要的 8×25 尺寸的，另一款刚好是 8×30 尺寸的。本来梅子想要和客户解释，但是当下一点儿信心都没有了，只能告诉客户，自己要去仓库查一下货。查货后梅子发现 8×25 尺寸的螺丝有两箱，而 8×30 尺寸的螺丝只有 1000 个，连箱子都没有拆。梅子害怕混料导致发错货，于是又拿了几颗发货的那箱产品检测，证实为 8×25 尺寸的螺丝。

梅子向客户解释以后，客户依然强硬地认为就是发错货了。客户称，他买的这 100 个螺丝已经给他的客户了，他的客户说货不对那就是不对。

梅子试着分析出现这种问题的原因，首先自己这边已经证实没有发错货。那么，是不是自己这边出现混料了，刚好他的客户就检测到 8×30 尺寸的呢？于是梅子问客户："是全部都是 8×30 尺寸的，还是其中只有几个是 8×30 尺寸的呢？"客户没有直接回答，称自己也不太清楚。

最后梅子只能让客户再确认一下，到底是哪种情况，并表示："如果真的是我们的错，我们愿意承担责任，并无条件退货，重发的运费算我们的，但也希望您配合我们确认这款货，最好有一张检测的照片，让我们一眼就能看出是 8×30 尺寸的螺丝。"听了梅子的话，客户的情绪平静了很多。客户表示自己会和他的客户确认一下，然后再回复梅子。

以上案例告诉我们，做错了也没关系，关键是要敢于承担责任。只有具备良好的态度，才能让客户接受你、了解你。在沟通时，要投入你的热情，要像对待朋友一样对待客户。

### 7-4-2 客户反映商品损坏

客户经常反映的另一个问题便是在收到商品之后，发现商品有破损。商品出现破损有可能和发货时网店的检查不严有关，即商品本身就有破损；也有可能是商品在物流运输过程中受到了损害。作为最终收到商品的客户来说，并不清楚到底是物流公司的过错还是商家的过错，而商家与物流公司也很难证明是哪方的责任，通常这个时候，客户会找到商家进行投诉或维权。

面对责任划分不清的商品破损情况，客服在商品发出时要对客户与物流公司进行说明与交代，要提醒客户亲自检验商品后再签收。但随着快递业务的增加以及速递易等存放快递货物的专业存储箱的出现，很多商品都无法让客户亲自验收，这也是导致纠纷的一大原因。首先，客服要提醒客户注意验货，在收货时如对商品有异议，如外包装损坏、浸湿等，要求有物流公司的书面签字确认；其次，客服在发出商品时要对商品进行检查，在寄送商品时包装要规范，符合各物流公司的规定，注明寄送商品的名称和规格，在将商品交给物流公司时要让快递员检查商品，确认商品的完整性，最好能够以文字的形式记录。

### 7-4-3 客户反映商品少件

很多客服接到客户反映收到的商品少件时，第一反应就是怀疑客户，在沟通时还带着情绪，这样做会导致双方产生矛盾，甚至僵持不下。对淘宝商家来说，出现问题弄清楚是谁的责任当然很重要，但是只是找到责任方而忘记了解决问题那就不对了。不管是商家还是客户，出现商品少件问题后心情都不会好，所以在沟通时应当相互体谅包容，一起把问题解决掉。客服应做好以下几点。

① 立即联系客户，让客户提供商品、快递包装袋等实物照片，确认商品的真实情况。与客户沟通了解商品签收时的情况，沟通时态度要和蔼、友好。

② 自检发货环节是否出现少件问题。如果自检发货环节出现问题，需要与客户沟通，可以补发商品或者退款。

③ 如果自检发货环节没有问题，可以向客户了解商品是否客户本人签收，签收时是否验货等。如果是客户本人签收而且有验货，那么可以向客户了解物流公司、快递员的信息和联系方式，进一步核实是否客户本人签收。

④ 如果是客户本人签收，客服需要立即与客户协商补货或退款事宜。一旦核实商品少件是物流问题，商家要及时告知客户，避免和客户产生误会。处理好客户的问题后，客服还需要与物流协商赔款事宜。

⑤ 如果商品在客户不知情的情况下由第三方签收出现了少件问题，客服要先稳定客户的情绪，然后联系物流公司进行核实，快递员是否按照收件信息进行派件。

如果物流公司没有按照要求派送，而是在客户不知情的情况下将商品交给其他人签收，出现了商品少件问题，那么物流公司需要承担责任，客服可以联系物流公司处理索赔并给客户补发或者退款。

商品少件给客户和商家都带来了一系列麻烦，作为淘宝商家，为避免此类情况的发生，需做好以下几点。

① 在发货前做好商品数量核对，检查好包装、质量等细节问题。

② 做好包装加固。

③ 选择正规的、靠谱的、服务周到的物流公司发送商品。

④ 一些特殊商品应当提前约定送货时间，避免在送货过程中出现商品破损、丢件等问题。比如像瓷器等易碎品，应当提前和客户约好出现若干种意外的解决办法。

### 7-4-4 客户反映物流速度慢

电子商务的迅速发展，给物流业带来了旺盛的生命力。但由于现阶段物流公司尚处于发展阶段，物流速度慢、服务差等投诉不断发生。尤其在电商促销期以及节假日，物流公司的压力更是特别大，而网店和物流公司是彼此独立的个体，网店并不能决定物流运输的快慢，可客户对物流运输速度的不满只能找到客服进行发泄。那么客服如何将因物流运输速度过慢所造成的纠纷降至最低呢？可以从以下两个方面着手。

① 着手于客户。客户在购买商品时一般会询问客服关于使用什么物流公司，几天能收到商品等问题，现在的物流运输基本上在全国范围内是3~4天到货，偏远一点儿的地区要4~5天到货，同城的基本上是1~2天。但客服在回答客户关于商品到货时间时，要尽量多说1~2天，回答时也切忌使用肯定、应该等词语。将到货的时间说长一点儿，一是可以给客户一个心理准备；二是即使商品到货晚，客服也不至于太被动；三是如果商品提前到货，还会给客户一个大大的惊喜。客服要给自己留点儿余地，不至于因为物流运输问题而引起客户的不满。

② 着手于物流公司。网店要与物流公司协商，如果快递延迟到达怎么办，出现问题后怎么解决，与物流公司遵循平等合作的原则，达成书面协议，这样出了问题就能按照协议的规定来解决。当然网店也要善于维护与快递员之间的关系，例如请快递员喝水、吃水果，快递员对你的网店有了好感，自然在工作时会优先处理你的快递。除此之外，客服还可以在快递包装上贴上一些小提示，督促物流公司尽快送货。

无论是网店还是客户，都应该以诚待人，如果网店能够真诚对待每一个客户，就能获得更多客户的信任，客户也会回报网店越来越多的交易。

# 8 处理退换货

每一个网店虽然对自己的商品都很有信心，但有时总免不了在某些环节出现问题，比如快递环节、储存环节、工厂环节，造成商品破损或者其他问题。有些客户在收到商品后因为自身原因导致商品破损却要求网店赔付的情况也时有发生。虽然说质量问题应该由网店来负责，但有的时候也可能遇到客户无理由退货，这时作为直接面对消费者的客服人员更需要一些耐心，掌握一定的退换货处理技巧。

## 8-1 退换货的原因

客服遇到客户要求退换货，通常有以下几种情况。

① 客户下错单。经常有客户在下单后向客服反馈说自己下错单了，有时还会出现短期内连下两个订单的情况，这个时候客服不要着急发货，在发货前务必与客户沟通并核实。

② 商品不符合客户预期。客户收到商品后，发现商品不符合自己的标准，如尺寸不合适、颜色不合适等，这些原因都可能导致退货。

③ 无理由退换货。随着电子商务的迅速发展，电商平台规定很多商品支持“七天无理由退换货”，只要客户不满意，就可以退换货，作为网店不得以任何非正当的理由拒绝客户的退换货申请。

④ 商品破损。商品在运输过程中，可能会因为物流运输原因造成破损，这也是导致客户退换货的一个很大的原因。

## 8-2 退换货流程

客服收到客户要求退换货的申请后，要尽快与客户沟通，给客户解决问题。一般来说，退换货的流程如下。

### 8-2-1 跟客户沟通

如果客户对收到的商品不满意，一定会与客服进行交流。客服要了解客户退换货的原因，如果是因为质量问题或规格问题等想要退货，客服可以鼓励客户进行换货处理。然后与客户协商换货产生的快递费用、换货方式等，双方同意后再进行换货操作。首先确定客户想要换的商品规格或者商品风格(每种商品属性不同，应根据具体商品确定)，发送相关换货注意事宜，换货时一般都需要客户在寄回的包裹里放上小纸条，在小纸条上写上用户名、订单编号、寄送地址、想要退换的商品等信息。有退换货保障卡的直接按照卡上的内容填写即可。

### 8-2-2 引导客户进行退货操作

对于坚持要退货的客户，客服可以引导客户进行退货操作。具体流程如下。

① 登录淘宝，执行“我的淘宝”→“已买到的宝贝”命令，找到需要退货的商品，单击“退款/退货”(如果是已经确认收货的商品需要单击“申请售后”)，如图 8-1 所示。

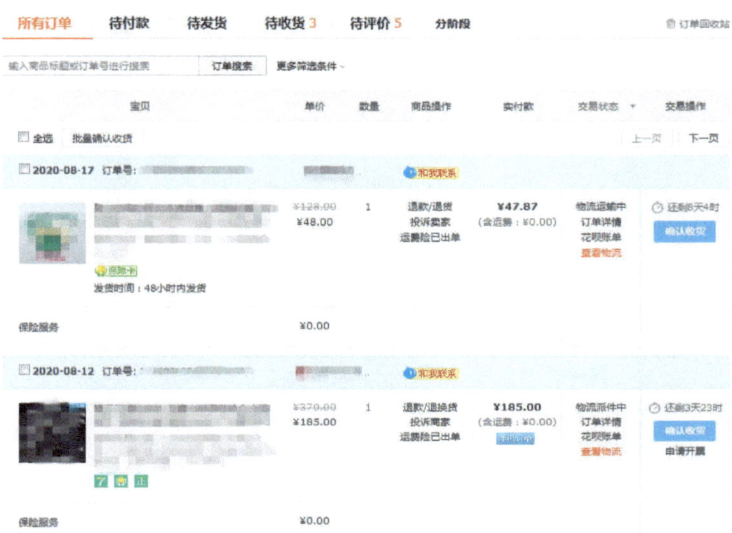

图 8-1

② 进入“退款/退货”页面后选择“我要退款(无需退货)”或“我要退货退款”选项，如图 8-2 所示。

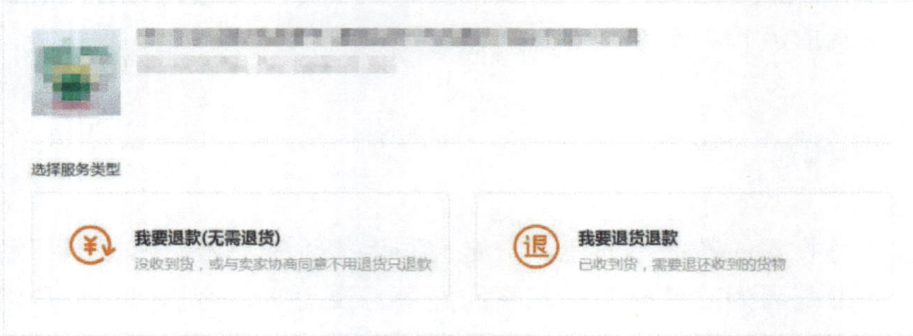


图 8-2

③ 进入退货信息填写页面，根据实际情况填写退款原因，单击“提交”按钮，退货(退款)申请就提交好了，如图 8-3 所示。

图 8-3

### 8-2-3 密切关注物流信息

网店收到客户退回的商品后，应对商品进行检查，判断商品退换货的原因是否真实，是否影响二次销售。确认给客户换货后，应尽快将新商品发出。发出更换的商品后会进入后台填写物流单号。此时客户也会得到阿里旺旺的通知，之后等待收货即可，如图 8-4 所示。客户收到换货后的商品之后，整个退换货过程就完成了。

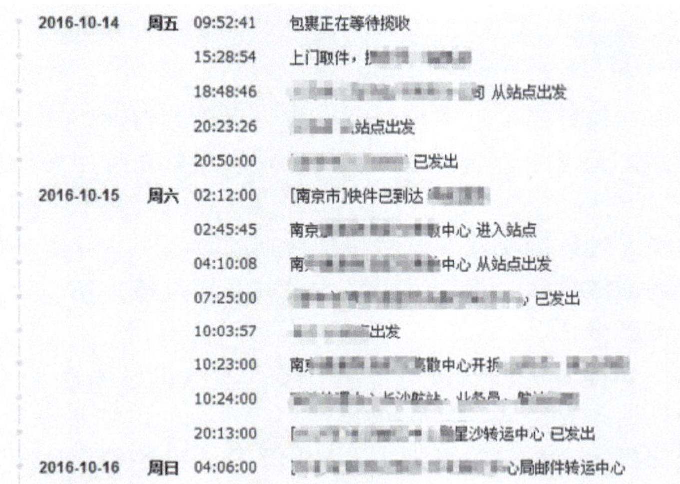


图 8-4

在退换货过程中，网店如果对客户的退款申请有异议，可以单击“拒绝退款申请”，输入拒绝的理由，完成拒绝退款申请的操作，拒绝退款申请后，退款状态变更为商家不同意协议，等待客户修改，买卖双方可以再进行友好协商，如果最终无法达成一致，可以申请淘宝官方客服介入调解。

## 8-3 退换货的运费承担问题

在淘宝交易中，关于运费的争议屡见不鲜。要解决争议，应根据不同情况分别处理。

如果是因为商品质量不好、发货时效太慢、包装不够坚固导致商品破损或者商品实际情况与描述不符，退货运费应由商家承担。

如果是因为客户自己没有弄清楚商品性能、规格，或者无理由退货，退货运费应该由客户自己承担。

如果商家坚持所提供的商品和服务没有问题，而客户认为有问题，淘宝平台一般还是会认同客户的观点。因为淘宝平台规定很多商品可以在七天内无理由退换货，即使买卖双方僵持不下，如果客户进行申诉，淘宝平台也会在不要求客户将商品退回的情况下，直接从商家账户里全额退款给客户。

在客户要求退货的情况下，商家可以给客户一个优惠折扣，劝说客户不要退货。因为当客户要求退货时，有可能会让商家承担退货运费，即便商品完整退回来，这个商品二次销售的价值已经降低了。

## 8-4　恶意退换货问题的处理

作为淘宝商家，也许遇到过客户恶意退货、退款的情况，还有的客户以高仿假货来调包正品商品。无论是否遇到过此类情况，客服都必须了解一些基本知识以及应急措施。

恶意退款是指通过欺瞒手法发起售中或售后退款，将本该退还给商家的商品占为己有，这类行为涉嫌欺诈，根据《中华人民共和国刑法》第二百六十六条规定，情节严重的将负刑事责任。

淘宝平台为了保障客户的权益，推出“七天无理由退换货”，很多商家也认为这是获取客户信任的重要一环，但是现状表明，“七天无理由退换货”成为很多“无良客户”钻空子的机会。正常的退货、退款几乎每个商家都会遇到，但是客户退货玩猫腻的情况也屡屡发生，严重影响了交易的流程以及买卖双方的信任。

如果在运营淘宝网店时，遇到这种情况不要慌，首先，和客户进行退货理由的沟通，并引导客户进行商品各方位的拍照，以便留存证据。然后是退货阶段，严格按照淘宝平台“七天无理由退换货”的原则进行，在商品不影响二次销售、不缺少赠品和附件以及不影响使用的情况下，可以退货，关键是要指定一家可以开具物流证明的物流公司，然后就可以让客户退货了。商家收到退货后，如果商品不符合要求可以拒绝签收。但凡是淘宝网店与客户的纠纷，按淘宝平台申诉流程一般都是可以得到解决的。

### 案例 1

2019 年 5 月，“一名女子在淘宝店买 18 件衣服旅游后要求退货”的事件成为热门话题。有记者采访发现，电商平台很多客户利用“七天无理由退换货”规则“任性”退货的现象时有发生。个别不法分子甚至利用此规则实施敲诈勒索。而商家往往因取证困难、害怕差评等原因选择“忍气吞声”。

广州的肖先生在电商平台经营一家服装店，月销量可达 15000 件左右。他向记者表示，几乎每个月都能遇到下单多件，然后在到货后

7天内要求全部退货的情况。

“有个客户一下子拍了60件衣服，在公司年会上表演完节目，就给你退回来了。”肖先生无奈地表示，如果不影响二次销售也就算了，但有的衣服还有明显的汗渍、破洞、香水味，甚至粘有口香糖。“这种衣服就不能再卖了，只能作为库存处理，损失由我们自己承担。”

除了“用后退货”外，一些客户甚至还利用退货规则“以假乱真”。有媒体报道，嫌疑人潘某等因通过耐克官网购买运动鞋，再以高仿品调包退回而被依法刑事拘留。据悉，潘某首先通过耐克官网购买正价商品，然后利用“七天无理由退换货”规则，将高仿品退回，获得全额退款后，再将真鞋卖出，赚取差价。

有的客户甚至专门借“七天无理由退换货”规则对商家实施敲诈。据肖先生介绍，曾遇到某客户先一次性下单数百件网店中的非畅销款商品，在商家赶制订单时，突然却被告知不要了，并向商家索取300元取消订单的费用。“如果不给他这笔钱，订单就得执行，商家就必须出货。到时候对方会拒收退货，我们作为商家就不得不承担一大笔积压库存和邮费。”

经营美妆网店的沈女士还遭遇过“被漏发”的情况。“有个客户在我这里买了口红后说没有收到，被快递弄丢了，非要我再发一个。后来我联系了快递，调出了监控，明明白白地看到她当天取件了。”

许多商家都表示曾遇到过恶意客户，有时会申请淘宝平台进行仲裁处理。但对于一些金额不是很大的订单，为了尽快息事宁人，也不得不满足对方的退货或补货需求。

针对“买18件衣服旅游后要求退货”事件，淘宝方面回应称已联系买卖双方协商处理，依据淘宝平台规则保护商家合法权益，个案不会影响“七天无理由退换货”。

无理由退货乱象频出，也让不少人对这项规则的合理性产生了质疑。有法律界人士认为，部分消费者在交易中违背诚实信用的原则，最终损害的是消费者的整体权益，有可能使这项本来对消费者有利的规定逐渐缩小权利的空间和边界。

“七天无理由退换货”的制订，借鉴了国外“冷静期”“撤销权”等法律规则和相关实践经验，设计初衷是为了解决电子商务交易中买卖双方信息不对称的问题。因为在网络购物时，买方不一定能完全实现所见即所得，网上展示的商品和收货时的商品可能存在一定差异，这也是给消费者一个考虑期以及单方解除合同的权利。

“因为个别消费者不诚信的行为，而取消‘七天无理由退换货’规则是不现实的，但相关规定的细则可以根据新情况适时进行修订。”

有律师认为，这个问题也可以在电子商务平台的诚信制度中给出规定来解决，如对恶意利用该规则的用户，查实后可以降低其信用评分。情节严重的要纳入黑名单，以此促进买卖双方诚信交易。

随着行业竞争愈演愈烈，客户是上帝这句话已经成为宗旨，只要客户不满意，什么奇葩的退货理由都能遇到，比如“买回家一看，发现不喜欢。先生也说不好看。”对商家来说无可奈何，又不能很痛快地接受客户的退货，这时不妨建议客户更换其他商品。

如果遇到客户恶意退货，针对做原创商品的商家来说，如果在原材料上有一定特殊性，可以将检验证书之类的证明放在商品详情页中，这样不仅能提升商品可信度和品牌形象，还可以在一定程度上防止“以假换真”的恶意退货行为。

如果商品在原材料上没有特殊性，那么出现“高仿”商品就比较难以鉴别，如果是价值较高的商品，建议商家建立防伪验证的机制，商家必须具备鉴定自家商品真假的能力。

如果收到客户退回来的“高仿”“假货”等商品，除了通过淘宝平台解决外，还可以通过商品被侵权的投诉来保护自己的知识产权，当然前提是商家在淘宝开店前，提前准备好一个或多个商标，对于类目的选择也需要根据实际情况进行多类甚至全类的布局。商家要保护好自己的知识产权，商标证书、著作权证书以及专利证书，都是强有力的证明材料。

此外，如果客户是怀着不好意思的心情来退货的，这时候商家表现得不情愿，说话态度不好，反而会使原本心怀内疚的客户心生怨气，导致纠纷的产生。

如果确实不能接受客户退货，应该一开始就清楚地说明理由，即声明在先。对于这种情况，必须注意措辞、态度等，绝对不可以破坏对方的心情。如果是不得不接受退货，也应该坦然接受，把钱退给客户。

客户如果感受到好的服务，自然也会给你回馈，到时一定会跟家人、左邻右舍或朋友们这样宣传：“××店退货时的待客态度很好，而且处理速度快，所以大可在这家店安心买东西。您也到那边去买东西吧，就说是我介绍来的就行了。”服务态度好，不但可以创造客户群，还可以达到一传十、十传百的广告效果，建立良好的口碑。

# 9 商务谈判

所谓谈判，指的是有关各方为了各自的利益，通过会谈，就某些问题达成协议或者妥协的过程。谈判无处不在，谈判中既有唇枪舌剑，也有心理战术，都是双方在为各自的利益进行博弈。概括来说，一切涉及双方利益的沟通及协商，我们都可以把其归类为谈判，这也是谈判的特点。一切皆可谈，你有你的利益期望，我也有我的利益期望，双方通过协商达到都可以接受的平衡点，这就是谈判的作用。

## 9-1 商务谈判的作用

商务谈判是买卖双方为了促成交易而进行的活动，或是为了解决买卖双方的争端，并取得各自的经济利益而采取的一种方法和手段。小到生活中的讨价还价，大到企业法人之间的合作、国家与国家之间的经济技术交流，都离不开商务谈判。没有商务谈判，许多经济活动便无法进行。

### 9-1-1 商务谈判是商家实现经济目标的手段

商务谈判是网店运作的重要环节。首先，商务谈判可以促进订单成交，为实现商家的利益目标创造良好的条件，为网店进入良好循环打下坚实的基础。其次，商务谈判能帮助网店增加利润，实现订单增长的目标。

对于一个网店来说，增加利润有三种方法：增加营业额、降低成本、商务谈判。第一种方法：增加营业额，是最直接的也是最难的方法。因为在市场竞争日趋激烈的今天，争夺市场份额本身就是一件很难的事情；而且增加营业额往往也会增加成本，如员工工资、广告费、业务员提成等。所以，有可能网店的营业额增加了很多，但是扣除成本后，却发现利润并没怎么增加。第二种方法：降低成本。一般来说，网店降低成本的空间是有限的，降到一定程度就很难再降了。而且降低成本还有可能降低商品的品质，反而损害了网店的长远利益。第三种方法：商务谈判。通过商务谈判，尽量以低价买进商品，再以高价卖出商品，一买一卖之间，利润就出来了。这是增加利润最有效也是最快的方法，因为通过商务谈判争取到的每一分钱都是净利润。比如某商品的通常售价是 10000 元，如果业务员谈判水平提高了，售价提高到 11000 元，则提高的 1000 元就是净利润；同样，网店在采购时所节省的每一分钱也都是净利润。

**案例 1**

美国通用汽车公司曾经有一位叫罗培兹的采购部经理，他上任半年，就帮通用汽车公司增加了 20 亿美元净利润。他是如何做到的呢？

汽车是由许许多多零部件组成的，而且大多数是外购件，罗培兹上任的半年时间里只做了一件事，就是把所有的供应配件的厂商请来谈判，他说，我们通用汽车公司信用这样好，用量这么大，所以我们认为，要重新评估价格，如果你们不能给出更好的价格的话，我们打算更换供应厂商。通过这样的谈判，罗培兹在半年的时间里就为通用汽车公司省下了 20 亿美元！

### 9-1-2 商务谈判是商家获取市场信息的重要途径

“凡事预则立，不预则废。”进行商务谈判，前期准备工作非常重要。只有事先做好充分准备，谈判者才会充满自信，从容应对谈判中出现的突发事件、矛盾冲突，取得事半功倍的谈判效果。商务谈判中要达到预期的目标，在谈判前要对自身状况与谈判方的状况有详尽的了解，并对这些情况做出充分的分析，由此确定合理的谈判沟通方案，选择适当的谈判策略，让自己在谈判中处于主动地位，使大多数矛盾与冲突化解在有准备之中，进而获得“双赢”的结局。

谈判前有关信息的收集对了解谈判对象、确定谈判策略，以及对谈判效果的预期都是很重要的，可以避免谈判中出现不必要的冲突和矛盾。谈判前进行信息收集，简而言之就是要做到知己知彼、心中有数，主要包括以下几个方面。

① 谈判对象本身的有关信息。主要包括谈判对象的消费意愿、态度、性格、问题产生的原因等。

② 双方竞争对手的有关情况。主要包括同行业的竞争对手的产品技术特点、价格水平以及其他方面的竞争优势对本次谈判的影响。

③ 国家有关方针政策、法律法规等方面的信息。主要包括国家有关商品交易政策，税收和合同签订、执行的政策，海关出入境的政策法规等。

**案例 2**

济南市第一机床厂厂长在美国洛杉矶同美国卡尔曼公司进行准销机床的谈判。双方在价格问题上陷入了僵局，这时我方获得情报：卡尔曼公司原与台商签订的合同不能实现了，因为美国提高了关税，使得台商迟迟不肯发货。而卡尔曼公司又与自己的客户签订了供货合同，客户着急要货，卡尔曼公司陷入了被动的境地。我方根据这个情报，在接下来的谈判中沉着应对，卡尔曼公司终于沉不住气了，签订订货合同，购买了 150 台中国机床。

在谈判中，不仅要注重自己方面的相关情报，还要重视对手的环境情报，只有知己知彼，才能获得胜利。

### 9-1-3　商务谈判是商家开拓市场的重要力量

如果把开发市场和维护市场的难度做一个比较，那么开发市场的难度占了 80%，而维护市场的难度仅占 20%。商品销售难就难在开发新市场上，这需要很强的市场判断能力、组织管理能力、市场应变能力、媒体广告投放经验以及经销商谈判技巧。商务谈判逐渐成为网店开拓市场、获取发展空间的重要举措之一。

每一次商务谈判，虽然不能保证全部达成协议，但要认识到，这是宣传自己、树立形象、扩大知名度的机会。客服人员是网店形象的代表，客户对网店的印象，很可能就来自客服人员的一言一行。客服人员干练，会使人联想到网店善于经营；客服人员诚信，会使人联想到网店可靠，这些都可能为以后的合作铺平道路，也为其他合作打下良好的声誉基础，使自己在行业内占据更大的市场份额。

**案例 3**

浙江奥康集团是国内知名鞋业生产企业，GEOX 是世界鞋业巨头之一。在中国入世之初，GEOX 便把目光对准了中国，意图在中国建立一个亚洲最大的生产基地。2002 年初，GEOX 总裁波莱加托先生开始亚洲的市场调研。经过一段时间的实地考察，他将目标对准了奥康集团。但奥康能否接住 GEOX 抛过来的“红绣球”，实现企业发展的国际化战略，最终起决定作用的是在商务谈判中精彩运用了制胜原则。

2003 年 2 月 14 日，两家企业达成协议：奥康负责 GEOX 在中国的品牌推广、网络建设和产品销售，GEOX 借奥康之力布网中国，而奥康也借 GEOX 的全球网络走向世界。奥康和 GEOX 的合作无疑是一项互利的合作。GEOX 看中的不仅仅是奥康的“硬件”，更多的还是其“软件”，是奥康积极向上、充满活力的企业精神和奥康人一直倡导的“诚信”。而奥康看中的则是 GEOX 这艘大船，它要借船出海，走一条通向国际化路线的捷径。

### 9-1-4 商务谈判有利于促进商品经济的发展

商务谈判并不是今天才出现的事物，但是，只有在商品经济发展到一定阶段时，才使它在社会生活中发挥出巨大的作用。这是由于商品经济崇尚等价交换，排斥一切特权干预，只有通过买卖双方的平等协商谈判，才能在互利的基础上达到双赢的结局，进一步促进商品经济发展。可以说，商品经济的发展，使商务谈判扮演了社会经济生活中的重要角色。而谈判手段广泛而有效的运用，又极大地促进了商品经济的繁荣与发展。

商品经济存在的基础是社会分工，生产资料及产品属于不同的所有者，由此决定了人们之间的交往关系是有偿的、等价的，商务谈判便成为人们实现这种交往的重要手段。实践证明，商品经济越发达，谈判的应用越广泛，谈判的形式就越多样化、复杂化。同时，商务谈判广泛运用于社会生产、生活的各个领域，又进一步促进了社会的繁荣、经济的发展。它更好地实现了人们在平等互利基础上的联系，改善了相互的关系，提高了交易的成功率。今天，商务谈判已经成为商品经济社会中不可缺少的组成部分，成为各种组织和公众解决彼此间矛盾、争议和调整关系的重要手段。不论人们是否承认、有没有意识到，一般人都曾在现实生活中扮演过并将继续扮演“谈判者”的角色，正如谈判专家所说的，世界就是一张偌大的“谈判桌”。

## 9-2 商务谈判的原则

进行商务谈判，要遵循以下所述的一些基本的原则。

① 依法谈判：在谈判沟通中，利益是各方关注的核心。对任何一方来说，大家讲究的都是“趋利避害”。在不得已的情况下，则会“两利相权取其重，两害相权取其轻”。无论如何，不能为了实现利益而触犯法律。

② 平等协商：谈判双方在地位上应平等一致、相互尊重。不允许仗势压人、以大欺小。买卖双方在谈判中通过协商求得双赢，而不是通过强制或欺骗来达成一致。

③ 适当妥协：任何一次商务谈判，都没有绝对的胜利者和绝对的失败者。相反，有关各方通过谈判，多多少少总会获得或维护自身的利益，也就是说，大家在某种程度上通过彼此妥协、互相让步来达成双方都可以接受的结果。

④ 互利互惠：在商务交往中，谈判一直被视为是一种合作或为合作而进行的准备。因此，商务谈判最圆满的结局，应当是谈判的所有参与者各取所需、各偿所愿，同时也都照顾到其他各方的实际利益，达成一种多赢的局面。

⑤ 就事论事：商务谈判的一个重要原则是就事论事。无论双方为了维护各自的利益争论多么激烈，也不管讨价还价多么苛刻，但对对方始终应以礼相待，绝对不能话不投机就恶言相向，甚至进行人身攻击。

## 9-3 商务谈判的礼仪

商务谈判的礼仪是一般礼仪在商务活动中的体现和运用。

商务谈判作为一项特殊的商务活动，对谈判者的礼仪有特殊的要求，懂得并掌握这些必要的礼仪是谈判者必须具备的基本素质。谈判者的仪表、谈吐等代表了企业形象，因此谈判者掌握一些重要的商务礼仪，会使整个谈判过程更加顺畅，从而使自己在谈判过程中处于不败之地。商务谈判的礼仪包括商务会面的礼仪、商务谈判过程中的礼仪、商务活动中的仪容仪表、商务谈判中的宴请礼仪、商务谈判中的配赠礼仪等。

在整个谈判进行期间，每一位谈判者都应自觉保持风度、礼待对手。

① 心平气和。在谈判桌上，每一位成功的谈判者均应做到心平气和、处变不惊、不急不躁、冷静处事。

② 争取双赢。从本质上讲，真正成功的谈判应当以妥协，即有关各方的相互让步为结局，使有关各方互利互惠、互有所得、实现双赢。

③ 讲究礼貌。在谈判过程中，谈判者应该待人谦和、彬彬有礼，无论发生什么情况，对谈判对手都要友善相待。语言礼貌可以帮助谈判双方在出现问题时避免

矛盾激化。谈判双方人员高尚的道德情操、彬彬有礼的行为举止、渊博的知识、得体的礼仪，都会给对方留下好印象，从而减少谈判阻力，促使交易成功。

④ 人事分开。要正确地处理谈判者与谈判事项之间的关系，做到人与事分别而论，对事不对人。

⑤ 求同存异。在谈判中，除了措辞应礼貌文明、准确慎重外，还要注意从对方的立场考虑己方的要求和条件，并做出适当让步，以求大同存小异。实在谈不下去或僵持不下时，要竭力克制，或暂时转移焦点，或适当借助点幽默来缓和气氛，再继续谈判沟通。

## 9-4 商务谈判的主要阶段

商务谈判的过程可以分为以下三个阶段。

① 申明价值阶段。此阶段为谈判的初级阶段，谈判双方应充分沟通各自的利益需要，申明能够满足对方需要的方法与优势所在。此阶段的关键步骤是弄清对方的真正需求与表明己方的利益，因此主要的技巧就是多向对方提出问题，探询对方的实际需要，因为你越了解对方的真正实际需求，就越能够知道如何才能满足对方的需求。与此同时，也要根据情况申明自己的利益所在。

② 创造价值阶段。此阶段为谈判的中级阶段，双方通过沟通，往往申明了各自的利益所在，了解了对方的实际需要。但是，以此达成的协议并不一定对双方都是利益最大化。也就是说，利益在此往往不能有效地达到平衡。即使达到了平衡，此协议也可能并不是最佳方案。因此，谈判中双方需要想方设法寻求更佳的方案，为谈判双方找到最大的利益，这一步骤就是创造价值。创造价值的阶段，往往是商务谈判最容易忽略的阶段。

③ 克服障碍阶段。此阶段往往是谈判的攻坚阶段。谈判的障碍一般来自两个方面：一个是谈判双方彼此利益存在冲突；另一个是谈判者自身决策中存在误区或困难。前者需要双方按照公平合理的原则来协调利益；后者需要谈判无障碍的一方主动帮助另一方顺利决策。

### 案例 4

日本一家著名的汽车店铺刚刚进驻美国市场时，急需找一家美国代理商来为其销售产品，以弥补他们不了解美国市场的缺陷。当日本汽车店铺准备与美国的代理商就此问题进行谈判时，日本店铺的谈判代表却遇到堵车迟到了。美国店铺的代表抓住这件事紧紧不放，想要以此为手段获取更多的优惠条件。日本店铺的代表发现无路可退。于是站起来说：“我们十分抱歉耽误了你的时间，但是这绝非我们的本意，我们对美国的交通状况了解不足，所以导致了这个不愉快的结果。我希望我们不要再为这个无谓的问题耽误宝贵的时间了，如果因为这件事怀疑我们合作的诚意，那么，我们只好结束这次谈判。我认为，我们所提出的优惠代理条件不会找不到合作伙伴。”

日本代表的一席话说得美国代理商哑口无言，美国人也不想失去这次赚钱的机会，于是谈判顺利地进行下去。

在这个案例中，日本代表使用了进攻式开局策略，这是一种通过语言或行为来表达己方强硬的姿态，从而获得谈判对方必要的尊重，并借以制造心理优势，使得谈判顺利地进行下去的谈判策略。

在实践中，进攻式开局策略可以扭转不利于己方的低调气氛，使谈判走向自然气氛或高调气氛。但进攻式开局策略通常只在这种情况下使用：发现谈判对手在刻意制造低调气氛，这种气氛对己方的讨价还价十分不利。如果不把这种气氛扭转过来，将损害己方的切身利益。

采用进攻式开局策略一定要谨慎，因为，有些时候如果在谈判开局阶段就显示自己的实力，使谈判开局就处于剑拔弩张的气氛中，对谈判进一步发展有时会极为不利。

## 9-5 网店客服进行商务谈判的策略

作为网店客服人员，每天都和不同的客户进行沟通交流，这些沟通实质上就是不同形式的商务谈判。虽然与通常意义下的商务谈判的时间、地点、内容、级别、规模、形式、对象不同，但其中不乏共同之处：一是通过谈判加强与客户的沟通，加深了解。在化解矛盾和分歧的基础上达成共识，以实现交易或合作的目的。二是通过这种短兵相接的沟通交流，争取在交易和合作中实现自身利益的最大化。

网店客服在与客户沟通时千万不要觉得客户提出的问题自己不懂，就可以不回复，或者觉得客户的要求太无理就不予理会。如果网店客服在沟通中这样对待客户，那么往往会造成客户流失，这是很可惜的。网店客服在与客户沟通中要注意以下几点策略。

### 9-5-1 避免不愉快的沟通

什么样的情况会造成不愉快沟通呢？最常见的一种便是商品详情页的描述不到位。

例如，一家服装网店在商品详情页面中描述衣长为 80 厘米(从领子开始往下量)，而客户收到衣服后量得的衣长才 75 厘米(从肩膀开始往下量)，双方各执一词。于是客户认为服装网店是奸商，客服认为客户纯属无理取闹。如果服装网店一开始在商品详情页面就将衣服的测量方法描述清楚，那么就可以避免这样的不愉快。商品详情页面应该多角度地展示商品，越是详尽的描述就越能避免可能出现的摩擦。

再比如一家手机网店在商品详情页中写着承诺保修两年，但光承诺“保修”两字就足够了吗？当然不是，保修的范围是什么？屏幕、电池、键盘？什么样的情况在保修范围内？什么样的情况需要收取维修费用？维修导致的来回运费由谁承担？维修的期限是多少？如果事先没有明确说明，一旦产生争议，沟通又怎能顺畅呢？

当然，情况不止于此。商家违背自己的承诺、没有及时响应客户的需求、商品瑕疵没有充分披露等各种情况，都有可能引发买卖双方不愉快的沟通。所以，防患于未然远比亡羊补牢要好得多，事先铺垫描述得越是详尽，事后出差错的可能性就越低。

### 9-5-2 多站在对方的角度考虑问题

不论客服还是客户，在发生矛盾、产生争执时，如果能多从对方的角度考虑问题，站在对方的立场想一想，就能避免很多争执。

**案例5**

一客户在淘宝网店购买了一件商品，在付款后，叮嘱客服要用 EMS 快递发货，否则就要去几公里之外的镇上取货，光是车费就远不止邮费的价格。千叮咛万嘱咐，客服最后还是发错了快递，客户又急用这个商品，只好自己打车去镇上取货。针对这额外的车费双方产生了争议，闹得不可开交。

客户：“车费必须由你们网店承担，我又不是事先没说清楚。答应得好好的怎么还是弄错了？我特地请假去镇上取的东西，误工费都没跟你们要，耽误事不说还添堵。”

客服：“我这里接单的、发货的又不是同一个人，发错了我们有责任，但你可以不收货，拒签好了。那样对你也没损失，凭什么你打车的费用要我们来承担啊？我这一单才赚 5 元钱，车费就要 50 元，我凭什么倒贴那么多呀？”

听起来似乎双方都很有道理，站在各自的立场似乎都有坚持的理由，但如果换个角度再来看呢？

客户："网店一天发这么多货，发错的情况也避免不了，这次算我倒霉撞上了。取货前应该先给客服打个招呼，50 元的打车费用确实有点高，这个商品才 45 元钱还包邮，换了我，估计也不肯赔这么多。"

客服："无论怎么说，发错快递都是我们的责任在先，看来接单和仓库这边衔接的程序上还有需要完善的地方。这个问题需要解决。这次给客户造成这样的麻烦，我们得负责到底，车费虽然高但暴露出了我们在经营方面的问题，得大于失。"

若是买卖双方都能将心比心地换位思考，那沟通自然无碍。多一点点儿理解，多一点点儿体谅，就没有沟通不了的难题。

### 9-5-3　采取合理的方式应对客户可能出现的责难

由于商品质量欠佳或服务怠慢导致客户的责难，客服应该如何应对呢？

人们常说，以和为贵。剑拔弩张的气氛肯定是不适合做进一步沟通的。所以在行动之前务必三思而后行：冷静、冷静再冷静！

若您是责任方，先不必过多的解释(这时的解释会被认为是推卸责任，无助于气氛的缓和)。首先承认自己有错误，给对方台阶下，往往可以避免很多不必要的纠缠，然后进入正题讨论如何解决问题。

若您非责任方，也先不必过多解释(因为这时对方情绪激动，很多情况下处于非理性的状态)，用适当的措辞先安抚对方情绪并缓和气氛，有助于后续的进一步沟通。

如果客户收货后，在商品评价中给了中、差评评价，并在评价里一通埋怨和指责，作为客服应该如何处理呢？

首先，要仔细研读评论内容(虽然可能言辞会让人不快)，提取有用的信息，探究导致客户不满的深层次原因，如物流、服务态度、商品质量……究竟是在哪一个环节出现了失误。其次，分析原因中可以改善的部分，化"差评"为动力，寻找可以解决问题的补救办法。最后，回访客户，看是否能挽回客户的信心。如果客户同意，那么在评价修改期限内还可以挽回，让客户修改评价；如果客户拒绝，那就需要采取下一步措施——做好评价解释。网店客服要切记，回评并不是给这个客户看的，而是给后续无数个来购买的客户做参考的。在评价解释中使用客观、礼貌、豁达、谅解的评语，可以让客户看到商家负责的态度和气度。那些在评价解释中指责客户，甚至泄露客户信息的网店，会让客户敬而远之。

# 10 用好人工智能，提升服务效率

科学技术的飞速发展，在不断改变着人们的生活。尤其是人工智能技术的发展，使得人工智能逐渐融入各行各业。人工智能技术能帮助人们解决一些重复又单一的工作，让人们可以有更多的精力去从事有感情色彩和创造力的工作。在这种背景下，人工智能客服（以下简称智能客服）应运而生。如今越来越多的网店开始普及智能客服，用智能客服回复商品属性、价格、物流以及售后流程等有标准答案的工作，可以减轻人工客服的工作量，提高工作效率。

## 10-1 智能客服产生的必要性

从经营一个网店的成本来看，如果都是人工客服，那么除了员工的管理成本高之外，还要随时面临员工离职，高峰期人工客服忙不过来，处理客户询问可能态度不好等问题，此外，人工客服还不能全天候在线。但是智能客服就可以解决这些问题，通过图 10-1 可以看出使用智能客服的优势。

图 10-1

从图 10-1 可以看出，智能客服的优势是永不离职、随时在线，对于个性化问题，能够与人工客服无缝衔接，节省人力，降低成本，所以智能客服的产生和发展势在必行。

## 10-2 智能客服的工作原理

智能客服有一个强大的知识库做支撑，这个知识库像一个智能大脑，对客户的问题通过匹配知识库中的数据来做出判定，然后进行输出。智能客服的功能正随着技术的发展不断完善，那么它是如何工作的呢？

### 10-2-1 如何识别问题

智能客服通过大量的数据计算来识别客户的问题。例如，遇到客户询问“商品价钱可以便宜一点儿吗？”这样的问题时，智能客服会分析知识库中的数据，通过知识库中对“价钱”“便宜”等关键词的回复，就能够分析出“可以便宜一点儿”是什么意思，进而做出回答。

### 10-2-2 如何识别不同的商品

当客户询问商品的相关信息时，智能客服也会跟人工客服一样让客户提供商品链接，智能客服通过读取商品链接信息，来回复客户关于商品的问题。

### 10-2-3 如何识别不同订单的状态

智能客服掌握全店订单的实时状态，当客户询问订单状态时，可以秒回客户目前的订单状态是已经发货还是未发货。

### 10-2-4 如何准确回答客户问题

智能客服的知识库是由人训练和匹配的，智能客服维护人员可以给不同的问题设置不同的答案，并可以随时监控，出现问题不匹配时可以随时调整。

智能客服可以解答客户的大部分问题，并且可以做到以一对万、秒速回复，我们要做的就是训练好智能客服，让它来帮助我们工作。

## 10-3 智能客服的应用模式和场景

智能客服主要有两种应用模式，分别是全自动模式和智能辅助模式。全自动模式是先智能客服后人工客服，就是智能客服独立解答客户的问题，降低网店约 50%的人工投入，当遇到不能解答的问题时再转为人工客服。智能辅助模式则是智能客服和人工客服同时解答客户的问题，提升约 30%的效率。

智能客服主要有以下几种应用场景。

① 提供规格表：智能客服可以根据客户提供的信息，匹配知识库中关于该商品的规格表，做出相应的推荐，在这方面，智能客服的反应速度优于人工客服。

② 网店活动的智能设计：智能客服可以根据网店的不同活动，设计不同的回复话语以及相关活动的链接。

③ 售前导购问题智能回复：智能客服能够自主识别商品链接，读取商品详情，根据客户的询问自动识别客户喜好以及客户的浏览记录，并据此做出个性化推荐，在推荐时还可做到图文并茂。

④ 售后问题自主回复：智能客服能自动识别订单的实时状态，常见的售后问题均能识别并回复。智能客服关于售后问题的回复答案中，有“转人工”服务选项，客户可以根据需要选择人工服务。

⑤ 拟人化服务：智能客服在跟客户沟通互动的时候，能够做到智能回复，给客户的感觉不像机器一样死板，对于重复问题，有多重答案，可以进行随机回复，还可以根据客户的问题给予递进式的回复。

随着技术的发展，智能客服的功能会越来越强，要想成为一名金牌客服，不被智能客服所取代，就要不断提高自己的业务能力，还要学会如何训练智能客服，让它们来帮助我们提高工作效率、完善服务。

## 10-4 成为人工智能训练师

### 10-4-1 什么是人工智能训练师

在人工智能飞速发展的今天，有很多职业不可替代，也有很多职业正在消失。当然有行业消失，自然会有新兴行业诞生。在人工智能的飞速发展过程中产生了很多新兴职业，如人工智能商品体验师、人工智能商品经理、人工智能部署专家等，人工智能训练师便是新兴产业中的一种。

人工智能训练师是指那些通过业务梳理、知识挖掘、数据分析、训练测评等方法，不断提升人工智能产品在业务应用过程中解决问题的能力，以便更快速、更高效地达成业务目标的人。

人工智能产业已经成为新的经济增长点，然而，国内资深的人工智能技术方面的人才却非常短缺，所以人工智能训练师的就业前景非常广阔。

### 10-4-2　人工智能训练师的岗位职责

人工智能训练师的产生创造了新型客户服务管理模式，传统的人工客服管理模式和智能客服管理模式如图 10-2 所示。

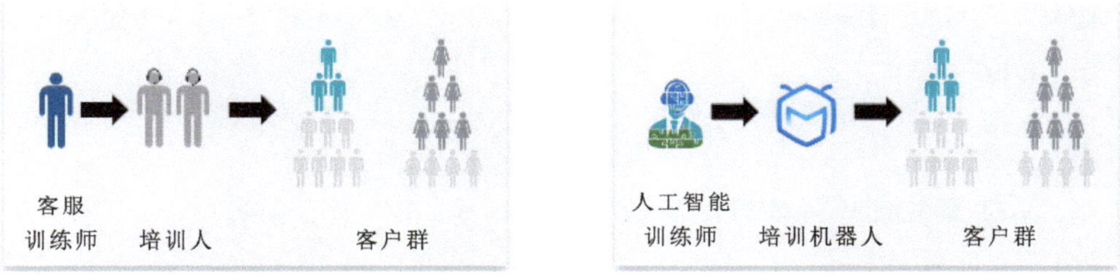


传统的人工客服管理模式　　智能客服管理模式

图 10-2

传统的人工客服团队是一个主管带领大量客服人员进行客户服务工作；智能客服则是新型的管理团队，这种团队由一个主管带领一个智能机器人和三五个人工智能训练师以及少量客服人员组成，少量客服人员只负责解答比较疑难和高端的问题。

智能机器人能不能解决问题，要看人工智能训练师如何对智能机器人进行调教，简单来说，人工智能训练师要让智能机器人能理解问题，理解后能正确、精准地进行回答。

人工智能训练师最关键的任务就是匹配智能机器人的算法模型，在知识库不能匹配全部知识的时候，训练师会自己去做行业包、网店的知识包等，即建立一个强大的知识体系，让智能机器人能理解客户的问题，最终精准匹配并能回答客户的问题。

前面我们也说到，智能客服主要有两种应用模式，全自动模式和智能辅助模式。人工智能训练师要懂得网店的需求、人力安排；知道何时启用全自动模式，何时启用智能辅助模式，即知道如何根据网店情况选择正确的应用模式。所以人工智能训练师并不是简单的装配师，而是专业客服+业务专家+智能调配员+数据分析师，如图 10-3 所示。

图 10-3

### 10-4-3　人工智能训练师的详尽职责

人工智能训练师首先要把网店的基础知识搭建起来，将网店问题与现有知识库相匹配，把销售思路和推广思路融合进智能机器人，运用数据分析的方法，让智能机器人日常运转，并且不断提升。人工智能训练师主要的工作职责有 4 个维度，如图 10-4 所示。

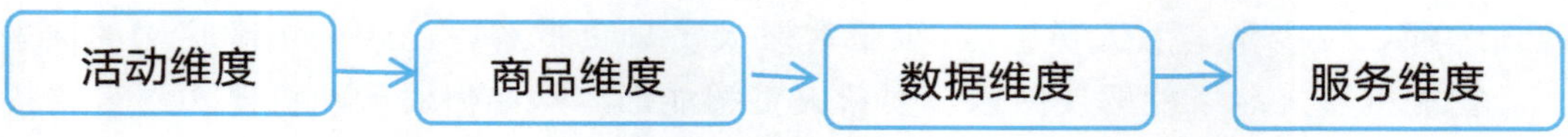


图 10-4

① 活动维度：在网店搞促销活动时，建立网店促销活动调试的标准并持续优化；不断调试和执行活动方案并及时对活动的结果进行总结和复盘，对接网店促销活动的各个环节，及时反馈问题并推进解决。

② 商品维度：建立对商品属性的回答标准与商品属性的维护；针对不同场景下的问题进行细化和问法收集，并不断挖掘新场景；还可以对商品进行卖点提炼并对网店重点款商品信息进行优化。

③ 数据维度：能够自主设计数据报表并建立分析标准；负责网店的周报、月报、活动数据的分析与输出；分析客户流失的原因并跟进质检问题检查结果等。

④ 服务维度：能够维护并优化服务类场景的各种问题的答案；不断挖掘各种新的服务类场景和新的问题，设计并持续优化服务类流程。

### 10-4-4 人工智能训练师需要具备的能力

人工智能训练师需要具备的能力一般可分为 4 个板块，如图 10-5 所示。

图 10-5

① 懂业务：做一名优秀的人工智能训练师必须要懂业务，要充分了解电商行业的业务问题，可以通过聊天记录精准提炼客户的问题，然后设置输出一套适用于智能机器人的精准话术和方案。

② 会分析：想要成为优秀的人工智能训练师首先要成为数据分析师，要学会使用平台的数据分析工具，对网店的情况以及知识库配置情况进行深入分析，结合数据分析，给出优化解决方案。

③ 用商品：优秀的人工智能训练师还要熟练运用平台的不同的智能工具，首先要了解智能机器人的基本算法，熟悉平台的智能机器人的各种功能。结合网店的实际需求，选择适合的功能完成智能机器人的日常配置。

④ 调模型：做一名优秀的人工智能训练师还要懂算法模型的搭建，通过平台智能机器人提供的训练师辅助工具，对网店的资料进行分析和标注，从而提升智能机器人的算法性能和人工智能在网店运营当中的使用效果。

### 10-4-5 人工智能训练师需要具备的行业经验

从行业经验上看，人工智能训练师在不同的阶段需要具备不同的行业知识，如图 10-6 所示。

图 10-6

① 准备期。在准备期，人工智能训练师需要掌握的知识包括电商服务的基本知识，以及网店的知识，包含但不限于商品类、活动类、物流类、售后类等，还要熟知服务流程，平台智能机器人的使用等基础知识。

② 开启期。在开启期，人工智能训练师需要掌握平台智能机器人应用模式，模式的适用范围，平台智能机器人知识库的基础配置等。

③ 丰富期。开启期过后便是丰富期，在丰富期，人工智能训练师需要掌握平台智能机器人的自定义知识库的配置、答案的配置技巧、关键词的设置、测试窗口的应用等。

④ 诊断期。完成丰富期的配置与设置之后进入诊断期，在诊断期，人工智能训练师需要掌握相关的质检知识，学会运用数据，熟知训练时的考核方法，熟练掌握并能设计网店的诊断思路。

⑤ 活动期。在网店参加活动的时候，人工智能训练师需要熟悉平台的各种活动规则，平台大促的活动知识，大促活动的配置技巧等。

### 10-4-6　人工智能训练师获取知识的途径

了解了人工智能训练师在不同阶段所需具备的知识后，应该如何获取这些需要的知识呢？

**（1）商品知识的获取方法**

学习电商服务的基本知识；熟悉平台的消费者保障基本规则，如退换货规则、发货规则等。还要熟悉平台接待工作台的基本操作，如接待中心的设置、自动回复的设置等。

**（2）网店知识的获取方法**

关于商品的知识可以通过商品销售部门获取，可以整理一份商品属性表文档，主要包括与商品相关的知识，如品类、规格、款式、材质等。

促销活动知识可以从网店运营部门获取，如促销活动规则、节奏等，可以整理一份促销活动知识文档，主要包含促销活动规则、利益点等。

物流知识可以从物流负责人处获知，掌握与网店合作的物流信息，如物流公司、发货范围、到货时间等，可以整理一份物流知识文档，包含合作物流公司、覆盖省市、通常发货及到货时效、特殊省份发货规则、物流费用等。

售后知识可以从财务负责人和仓储负责人处获知，了解退换货条件、时效、流程等，可以整理一份售后知识文档，包含退换货、质量问题、活动差价、投诉等问题的处理规则。

### 10-4-7　如何成为人工智能训练师

人工智能训练师有助理、初级和中级之分。以天猫和淘宝为例，人工智能训练师可以参加阿里巴巴认证考试，参加认证考试的入口界面如图 10-7 所示。

图 10-7

单击“阿里巴巴认证”选项后进入到阿里巴巴认证的首页，如图 10-8 所示，单击“官方培训认证”选项，页面下方显示“阿里巴巴专业认证表”，如图 10-9 所示。

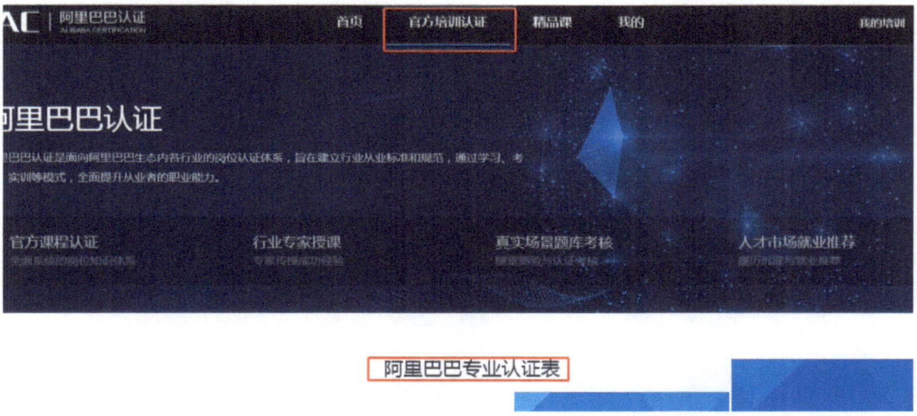


图 10-8

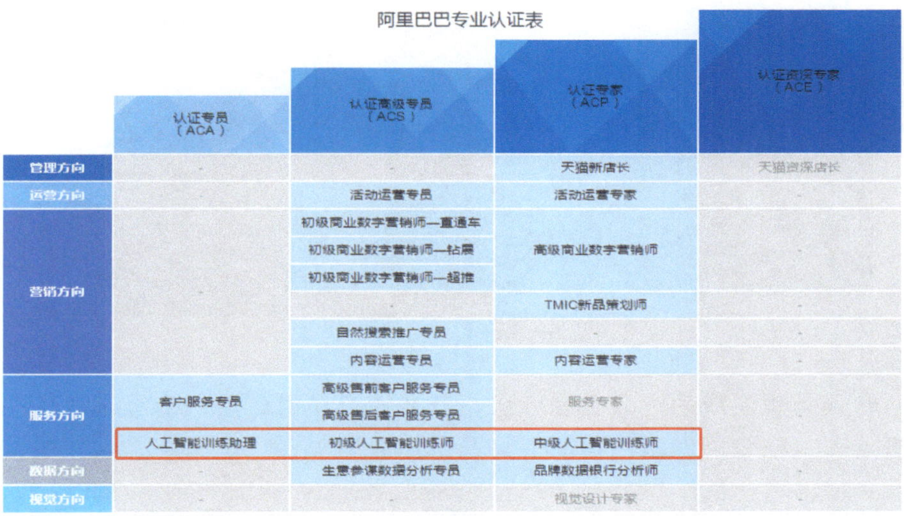

阿里巴巴专业认证表

| | 认证专员（ACA） | 认证高级专员（ACS） | 认证专家（ACP） | 认证高级专家（ACE） |
|---|---|---|---|---|
| 管理方向 | - | - | 天猫新店长 | 天猫资深店长 |
| 运营方向 | - | 活动运营专员 | 活动运营专家 | - |
| 营销方向 | | 初级商业数字营销师—直通车 | 高级商业数字营销师 | - |
| | | 初级商业数字营销师—钻展 | | |
| | | 初级商业数字营销师—超推 | | |
| | | - | TMIC新品策划师 | - |
| | | 自然搜索推广专员 | - | - |
| | | 内容运营专员 | 内容运营专家 | - |
| 服务方向 | 客户服务专员 | 高级售前客户服务专员 | 服务专家 | - |
| | | 高级售后客户服务专员 | | |
| | 人工智能训练助理 | 初级人工智能训练师 | 中级人工智能训练师 | - |
| 数据方向 | - | 生意参谋数据分析专员 | 品牌数据银行分析师 | - |
| 视觉方向 | - | - | 视觉设计专家 | - |

图 10-9

在“阿里巴巴专业认证表”中单击对应的考试级别，即可跳转到对应的界面，单击“人工智能训练助理”选项后进入的界面如图 10-10 所示。

图 10-10

单击“立即学习”按钮，就可以进行人工智能培训的学习和考试了，如图 10-11 所示。考试成绩 80 分以上就可以获得认证。目前人工智能训练助理的学习和考试是免费的，初级人工智能训练师和中级人工智能训练师的学习和考试都是收费的。此外，阿里巴巴还为人工智能训练师提供了较高待遇的就业机会。

图 10-11

在新时代，想要成为一名金牌客服，就要懂得如何运用人工智能工具，学会调教智能机器人，在智能客服的帮助下提升工作效率。

# 11 恶意行为防范指南

每一个淘宝商家在经营网店的过程中都可能遇到有恶意行为的客户，比如有的客户拍下商品却不付款，导致商品库存被占用；有的客户在购买商品后，发出非正常原因的退款、退货申请；有的客户以给予中、差评评价为要挟谋取额外财物。这些客户的恶意行为会给商家带来巨大的损失。如果遇到这样的客户应该怎么处理呢？恶意行为可以投诉吗？本章我们就来一一揭晓常见的客户恶意行为及如何应对这些恶意行为。

## 11-1 恶意行为概述

### 11-1-1 恶意行为的定义

恶意行为的判定主要依据淘宝“滥用会员权利规则”，指会员滥用购买商品、评价、申请退款、发起投诉或索赔等会员权利，损害他人合法权益，妨害淘宝或商家运营秩序的行为。淘宝鼓励商家诚信经营，为消费者提供高品质商品和良好的服务，同时也鼓励消费者诚信购物，共同维护良好有序的网购环境。

对于会员不以消费为目的，滥用会员权利损害他人合法权益、妨害淘宝运营秩序的行为，淘宝也会坚决制止并加强相应管理。

### 11-1-2 恶意行为的范围

淘宝对于恶意行为的认定包括但不限于以下情形：

① 利用他人的行为瑕疵，以发起投诉、给予差评等手段威胁他人，索取不当利益的。

② 恶意使用无效的或不准确的收货地址和(或)收货人信息，导致商家无法按时发货，妨碍淘宝运营秩序的。

③ 利用一个或多个账户，在短时间内拍下大量商品却不付款，导致商家商品下架，影响商家正常经营秩序的。

④ 欠缺交易意愿，恶意利用退款流程的便利性以实现牟利目的，购买商品后异常频繁地发起退款，影响正常交易秩序的。

## 11-2 恶意行为投诉中心

### 11-2-1 恶意行为投诉中心简介

为了帮助商家更有力、有效、便捷地解决恶意行为的投诉问题，淘宝平台将原有规蜜、金箍棒、云标签 3 款恶防工具进行优质功能融合后，出台了一款独立恶防工具——恶意行为投诉中心。该款工具是以商家投诉需求为出发点打造的一款恶意行为投诉工具，真正实现了“全场景、智能化、一站式”的投诉概念，让商家只通过一个入口，就可以将恶意行为一次解决。投诉链接为：tousu.taobao.com。

### 11-2-2 恶意行为投诉中心受理场景

针对恶意行为，目前恶意行为投诉中心会帮助商家处理覆盖全部交易的六类恶意行为投诉，分别为异常拍下、异常退款、异常投诉、异常评价、服务指标异常和职业投诉人。

恶意行为投诉中心目前涵盖 18 个场景，其中部分场景正在逐步对全网商家开放。

#### 1. 受理场景 1——异常拍下

异常拍下一般指的是客户在短时间内大量拍下商品，却不以购买为目的，导致商家库存被占用，商品被迫下架，干扰商家正常运营的行为。

异常拍下投诉受理包括但不限于以下场景。

**(1) 使用错误收货信息**

【场景解析】

① 客户收货地址不存在或者有明显错误(不包括客户电话号码为空号的情况)、收货地址前后冲突(如出现两个省或市)。

② 在客户地址或订单留言中存在广告、引流、欺诈或无意义的信息。

③ 客户的收货地址是海外正常地址或者正常集运中转地址不在受理范围内。

【场景举例】

① 错误地址示例。

广东省广州市荔湾区沙面街道明爱华生大楼 999 层。

北京市西城区德胜街道内蒙古呼和浩特新城区机场北辅路**小区 5 号楼。

② 客户留言中包含广告信息：我是淘保客，帮您推广，先帮您卖出商品，月底时给我们一成的利润，一天最少能为您额外带来上百元的利润，先进我们群了解下再谈合作，QQ 群 73**30970，进群者可先帮你卖 20 件宝贝试实力，里面都是店主，可交流经验。

③ 收货地址中包含广告信息：河北省秦皇岛市北戴河区东山街道。亲。您好，先帮您推广，卖出商品月底时给我们提成，每天为你带来几百收益，进 QQ 群 645******7。

【注意事项】

① 在满足以上场景条件的前提下，出现异常情况请先尝试与客户联系沟通，沟通方式包括但不限于阿里旺旺、电话确认，经多次联系未果可发起投诉。

② 如果地址明确存在，只是电话号码为空号或错号，有可能是误填写，建议通过阿里旺旺联系确认。

③ 正常海外客户填写的海外收货地址或物流公司集运地址不在受理范围内，如客户小王定居澳大利亚，在淘宝购买商品后地址填写澳大利亚的地址或物流集运中转仓库地址则不算地址错误。

④ 若客户收货地址中填写的手机号码为空号，淘宝平台会根据客户最近的收货信息进行核实，若该地址近期派件成功正常签收，平台会支持商家继续给客户发货。

**(2) 同行或客户因纠纷报复恶意拍下**

【场景解析】

① 同行或客户因为交易纠纷恶意拍下进行报复(同行真实的购买需求不受理)。

② 同行或客户为扰乱网店正常经营拍下大量订单不付款或者付款后要求立即退款。

③ 代发等有真实购物需求的，需商家自行设置限购说明。

【场景举例】

① B 商家投诉 A 商家盗用自己的图片或知识产权侵权后，A 商家为报复而拍下订单。

② 客户在某网店拍下了 10 笔订单后，联系商家说：“撤销对我的盗图投诉，不然让你的店开不下去。”

③ 客户第一笔订单产生售后/运费等纠纷，商家给了协商方案但客户不认可，扬言报复商家。之后客户在网店继续拍下大量商品，却不付款。(该场景中第一笔纠纷订单为售后纠纷,对恶意拍下不付款,表示要报复之后产生的新订单可进行投诉。)

④ 商家通过凭证证明拍下商品的客户为同行，且同行拍下商品的目的明显没有真正的购买需求，可将核实的情况在投诉中留言并对该笔订单进行投诉。(如仅仅是同行下单，没有标明不需要货，暂未支持投诉。)

【注意事项】

此类场景在提交投诉时需说明事情背景并提供相关凭证。

### 2. 受理场景 2——异常退款

异常退款指的是客户不以购买为目的，针对多个商家或订单已收到货却发起退款申请，或提供错误退货信息或错误退货商品的行为。

异常退款投诉处理包括但不限于以下场景。

**(1) 虚假物流退货**

【场景解析】

客户填写的退货物流信息是虚假的，包含退货物流单号已经被使用过，该笔退款的签收地址不是客户提供的收货地址，使用信封件、物流公司内部件，快递单号没有流转信息等。

【场景举例】

① 退货的签收地址不是商家提供的收货地址。例如，一位客户在 A 网店购买了一件商品，收货后以不喜欢为由申请退货、退款，填写了物流单号。3 天后商家还未收到退货，联系客户未果的情况下，联系物流公司，了解到该客户使用的退货地址根本不是商家提供的收货地址且该货物在半个月前已经被签收。

② 使用信封件退货。例如，一客户购买了一件商品后要求退货、退款，填写物流单号后，过了一周商家还未收到退货，联系物流公司，物流公司表示该件是信封件，联系客户也未果。

③ 退货物流单号已经被使用过。例如，客户用 a、b 两个账号在同一家网店购买相同商品，收货后使用 a 账号联系商家退货，没有走线上流程，在线下告知单号，商家收货后退款。客户紧接着使用 b 账号在未联系商家的情况下直接在线上发起退货、退款，使用之前 a 账号的退货单号进行退款申请。

【注意事项】

在满足以上场景条件的前提下，出现异常情况需先尝试与客户联系沟通，经多次联系未果再发起投诉。

**(2) 退货空包、少件或调包**

【场景解析】

客户退回的商品与商家实际寄出的不一致，包括客户寄回空包裹、商品少件、退回的商品是高仿件、退回的商品与购买的商品不一致(买 A 退 B)等。

【场景举例】

① 客户购买了 A 品牌的鞋，收货后以不喜欢为由申请了退货、退款，寄回了同款高仿鞋。

② 客户利用 a 和 b 两个账号在网店购买商品，a 账号购买了 X 商品，b 账号购买了 Y 商品，X 商品和 Y 商品均为连衣裙，外观相似，但 X 商品的价格远高于 Y 商品，此后客户用 a 账号以商家发错货为由，申请退货、退款，退回的商品是 b 账号购买的 Y 商品。

③ 客户在网店购买了 2 双鞋，申请退货、退款，商家实际收到包裹为空包件。

④ 客户在网店购买了 10 包尿不湿，然后全部申请退货、退款，但商家实际只收到了 1 包尿不湿。

【注意事项】

以上案例是异常的表现形式，如果只是发生个案，有可能是客户疏忽所致，故发生此类情况后建议先跟客户进行联系确认，看看是否为客户无意发错。

**(3) 恶意不退货仅退款**

【场景解析】

客户实际已收到货物，却发起未收到货的退款申请或客户人为损坏物品，发起因质量问题的退款申请等。

【场景举例】

① 物流显示客户已经签收商品，联系物流公司也表示客户当面签收未拒签，而客户却发起了未收到货的退款申请，商家联系客户无果。

② 客户收货后，申请仅退款不退货。联系客户无果，商家拒绝客户申请后。客户重新修改退款申请，并反复申请不退货仅退款。

【注意事项】

在满足以上场景条件的前提下，出现异常情况请先尝试与客户联系沟通，经多次联系未果再发起投诉。

**(4) 骗取运费险**

【场景解析】

① 客户不以交易为目的拍下商品，订单中含有运费险，客户多次在未收到货和收到货的情况下发起退货、退款的申请，并填写虚假退货单号骗取运费险。

② 客户拍下的商品订单中含有运费险，地址较偏远且异常，或者客户多次在已收到货的情况下发起退货、退款申请，虽填写有效退货单但实际目的是为了骗取运费险差价。

③ 不同的客户退货调包，并以发错货为由申请退货骗取运费险。

### 3. 受理场景 3——异常投诉

异常投诉指的是客户不以购买为目的，滥用延迟发货规则发起赔付申请等缘由的投诉。

异常投诉受理包括但不限于以下场景。

**(1) 客户以缺货、未按约定时间发货为由发起投诉**

【场景举例】

① 客户收货地址填写异常或地址不详，导致商家无法发货，此后客户发起未按约定时间发货的投诉。

② 客户在网店拍下商品后，线下联系商家表示无须发货，48 小时后申请退款，并发起未按约定时间发货的投诉。

【注意事项】

商家投诉的前提是自身不存在缺货或延迟发货等问题。若商家未使用官方预售工具，仅在商品详情页的备注中说明商品为预售或标明实际发货日期，且承诺的发货时效未修改，则不属于恶意投诉的受理范围，所以商家在发布预售商品的时候要多多注意。

**(2) 客户以发票问题投诉**

【场景举例】

客户在网店中购买了一件商品，通过阿里旺旺联系商家，表示需要开发票，商家表示只能提供收据，没有发票。从而引发客户投诉并主动留下联系方式(微信、QQ 等)，提出撤销投诉的前提是给予高额补偿。

【注意事项】

商家如果拒绝为客户开具发票会有被投诉的风险，请遵守平台规则。

**(3) 客户以邮费问题发起投诉**

【场景解析】

① 订单产生后客户发起了投诉，投诉商家拒绝履行包邮承诺，且以撤销投诉为由实施异常行为及获取额外的邮费。

② 商家设置部分地区包邮，处在包邮地区的客户询问商家是否包邮，客服却回复不包邮，客户以邮费问题投诉商家。

③ 客户收到货后联系商家表明商品有质量问题，商家承诺退回商品确属商品自身质量问题的，可以承担退货运费，但退回后商家未发现商品有质量问题，因而拒绝承担退货运费，客户以邮费问题投诉商家。

【注意事项】

客户正常维权发起的针对商品质量、服务或物流服务的投诉不属于本场景受理范围，淘宝平台会根据投诉订单及客户账号历史情况进行核实。

**(4) 客户以货到付款发货问题投诉**

【场景举例】

商家开通了货到付款，客户询问商家是否支持货到付款，商家答复不支持后，从而引发客户投诉并主动留下联系方式(如微信、QQ 号等)，提出撤销投诉的前提是给予高额补偿。

【注意事项】

商家如开通了货到付款服务，切不可拒绝货到付款的订单或者额外要求加价。

**(5) 客户以信息泄露问题投诉**

【场景举例】

客户表示自己有个朋友在商家处买了东西，要求客服告知订单中填写的电话号码，客服因为新入职，便将电话号码告知了客户，客户立即拍下商品并申请退款，然后投诉商家泄露客户信息，在投诉中留了 QQ 号，引导商家加 QQ 以索取高额钱款。

【注意事项】

商家应该在客服入职后进行相关知识培训，客户的个人信息不要随意泄露。

**(6) 客户以好评返现投诉**

【场景举例】

客户询问商家是否支持好评返现，商家答复支持后，客户立即发起投诉并主动留下联系方式(如微信、QQ 号等)，提出撤销投诉的前提是给予高额补偿。

【注意事项】

好评返现是平台严格禁止的，商家一定要规范自己的行为。

### 4. 受理场景 4——异常评价

异常评价是指客户、同行竞争者等以给予中、差评评价为威胁谋取额外财物或其他不当利益的行为。

异常评价投诉受理包括但不限于以下场景。

**(1) 客户利用评价进行要挟**

【场景解析】

客户利用将给出中、差评评价为要挟，要求商家提供额外钱款或向商家谋取其他不当利益。

【场景举例】

① 客户联系商家表示对商品比较满意，但希望返现 20 元，否则将给出差评。

② 客户提出对商品不太满意，商家愿意退货、退款并承担退货运费，但客户

仍要求额外的金钱补偿，否则将给出差评。

【注意事项】

客户未出现要挟商家等异常行为的，或者商家主动给客户额外利益，引导客户修改好评的不在受理范围。

**(2) 客户对未收货的商品进行虚假评价**

【场景解析】

客户在未收到货的前提下，便对商品给出了中、差评评价。

【场景举例】

客户购买商品后，商家刚发货几个小时，客户还未收到商品，就确认收货并对商品进行评价："东西不好用，质量差。"

【注意事项】

单纯对商家服务或物流体验进行评价不属于本场景受理的范围。

**(3) 客户的评价泄露隐私信息**

【场景解析】

在商品的评价中带有姓名、电话、住址、联系方式等内容或能识别身份的隐私信息。

【场景举例】

评价内容："商品真是一般啊，让我退货到杭州市西湖路**号，电话是13868*****8，太远了。"

【注意事项】

商家若主动引导消费者泄露信息，经核查情况属实，则对评论内容不处理，且保留对商家处罚的权利。

**(4) 含有辱骂、侮辱性质的评论**

【场景解析】

对商品的评价中包含辱骂、侮辱性质的语句或词汇。

【场景举例】

评价内容为"老板全家必死****"或"垃圾商家****"等。

【注意事项】

需要根据语境核实是否存在人身攻击，如评论内容"垃圾商品****"，未对人进行语言攻击，则不在辱骂、侮辱受理场景中。

**(5) 广告评论**

【场景解析】

① 对商品的评价内容中包含联系方式、图片引流等。

② 对商品的评价内容中包含其他网店名称或跳转链接等。

【场景举例】

① 评价内容为："最近做***赚了不少钱，想做兼职的来，教你月入过万!! 微

信号：4202**55420。”

② 评价内容为：“想在业余增加收入的，一小时几十元没问题哦，只要会上网购物就简简单单。这里能给你增加一份收入还能打发时间，心动不如行动哦，QQ号 3138**657。”

③ 评价内容为：“扫二维码购买，真的便宜了一半，我只花 10 元就买到了，质量很好噢。”在评价内容中放了一张二维码的图片。

④ 评价区内出现的图片为广告评价，如图 11-1 所示。

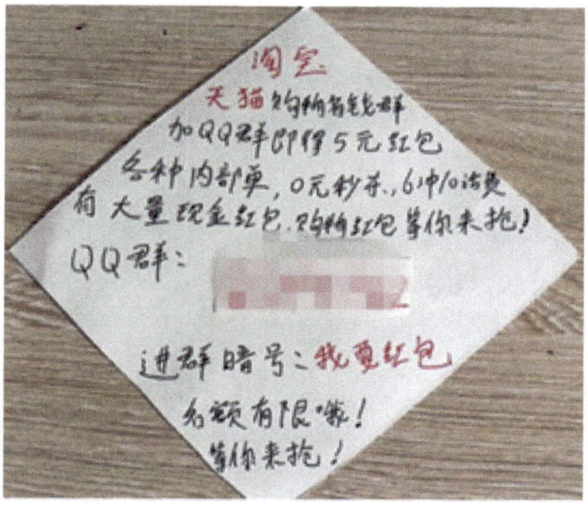


图 11-1

【注意事项】

商家商品包装上自带的二维码不属于广告评价处理范畴。

**(6) 无意义评论**

【场景解析】

① 对商品的评价内容为随机的中文、乱码、符号、图片等与商品、服务、物流无关的内容。

② 对商品的评价内容为搞笑段子、歌词、诗歌、新闻等与商品、服务、物流无关的内容。

③ 对商品的评价内容为买 A 评 B，如客户购买的是 A 商品，但评价内容与 A 商品完全无关，纯粹在描述 B 商品。

④ 对商品的评价内容为蹭淘气值，如按照某种格式凑字数，增长淘气值，且没有和商品、服务、物流相关的评价内容。

【场景举例】

① 评价内容为：“哈哈哈哈哈哈红红火火恍恍惚惚。”

② 评价内容为毫无意义的诗歌、搞笑段子等凑字数的评论。

③ 评价内容为纯数字、标点符号类评论。

【注意事项】

客户针对商品发表的各种真实评价（包括负面评价）不属于无意义评价的受理范围。

### 5. 受理场景5——服务指标异常

因为指标类投诉成立后考核的是天猫商家的各级指标，因此目前只有天猫商家可发起该场景投诉，后期会根据平台的发展不断优化本场景。

**(1) 到货时长指标异常**

【场景解析】

商家已正常发货，但受到第三方不可抗力（国家活动/自然灾害/物流站点倒闭等）影响，导致商家发货后商品无法正常送达。

【场景举例】

① 客户收货地址为杭州，商家发货地在广州，因杭州2月10日召开国际性会议，商家发货后商品流转到浙江境内但无法进行派送，需2月17日会议结束后进行配送，由此造成到货时间延长。受不可抗力导致物流无法送货，因此引发的客户投诉，在受理范围内。

② 商家当地遇到大雪封路，导致当地物流站点无法正常揽件，造成揽件延时，受不可抗力导致的物流无法正常揽件，因此引发的客户投诉，在受理范围内。

【注意事项】

如官方平台已对外公告：对某段时间的“揽件及时率”“退货、退款时长”“到货时长”的数据考核，不计入指标，则不需要提交投诉。

**(2) 退货、退款时长指标异常**

【场景解析】

客户已正常退货，但受到第三方不可抗力（国家活动/自然灾害/物流站点倒闭等）影响，导致客户退货后物流无法正常送达。

【场景举例】

客户使用某物流公司退货，但商品流转到某个站点时，该站点已倒闭，导致商品无法继续派送，商家无法收到退货，因此未给客户及时退款而引发的客户投诉，在受理范围内。

### 6. 受理场景6——职业投诉人

【场景解析】

一些个人或组织主动发现商家在提供商品或服务过程中存在侵权违法行为后，假借买到假货、商品为三无产品、商品描述违反广告法、无中文标签、无营业执照等名义进行威胁或异常索赔。

【注意事项】

投诉成立后，可以在投诉记录里查看具体的处置详情。目前商品的处置包括：

剔除被举报订单的退款时长、品质退款率、退款占比、聚划算、淘抢购营销活动指标；视具体情况对被举报的网店做限权或监管调查处置。

#### 7. 其他新出现的场景

【场景解析】

以上场景未覆盖的，可向平台反馈。

## 11-3　恶意行为投诉流程

### 11-3-1　恶意行为投诉操作步骤

① 在浏览器地址栏中输入网址 tousu.taobao.com，如图 11-2 所示，在弹出的页面中输入登录名和登录密码进入“恶意行为投诉中心”。也可以直接在千牛工作台首页输入网址 tousu.taobao.com，进入“恶意行为投诉中心”。

图 11-2

② 在“恶意行为投诉中心”页面中单击“我要投诉”按钮，如图 11-3 所示。

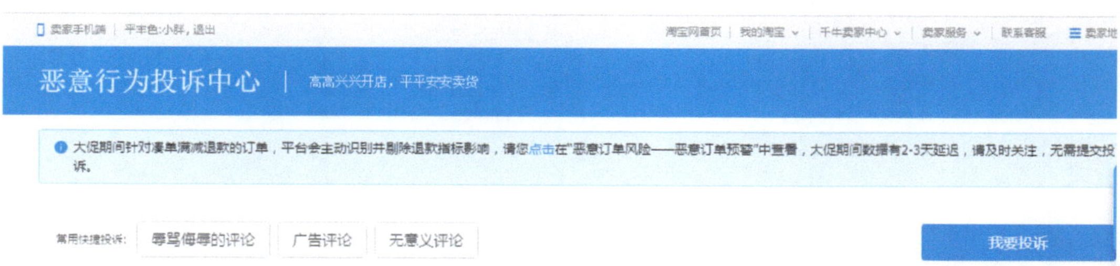


图 11-3

③ 在“选择场景”栏中，有“异常拍下”“异常退款”“异常投诉”“异常评价”“服务指标异常”“职业投诉人”共 6 大类场景，根据订单选择投诉场景后，再根据实际情况选择要投诉的具体原因，如图 11-4 所示，选择好后单击“确认”按钮。

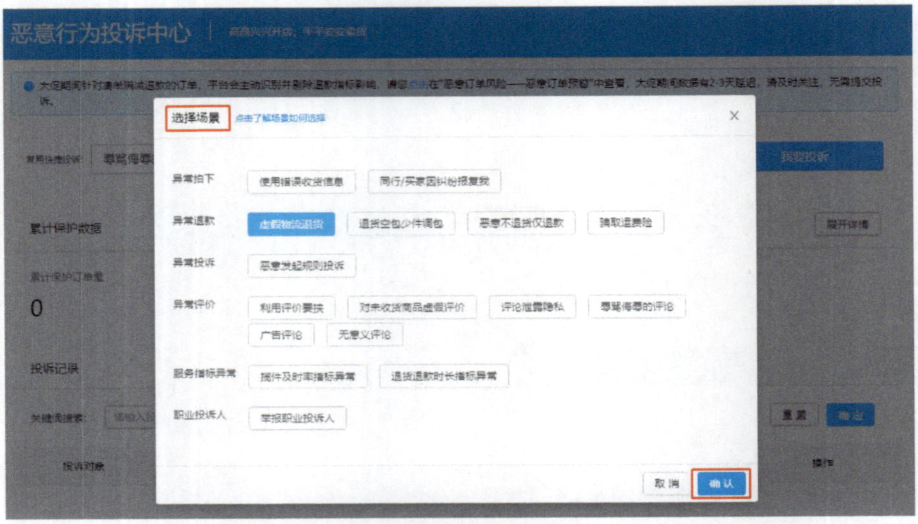


图 11-4

④ 选择投诉场景后，输入投诉订单号(可输入多个订单号)，并根据实际情况提交相关凭证，如图 11-5 所示。

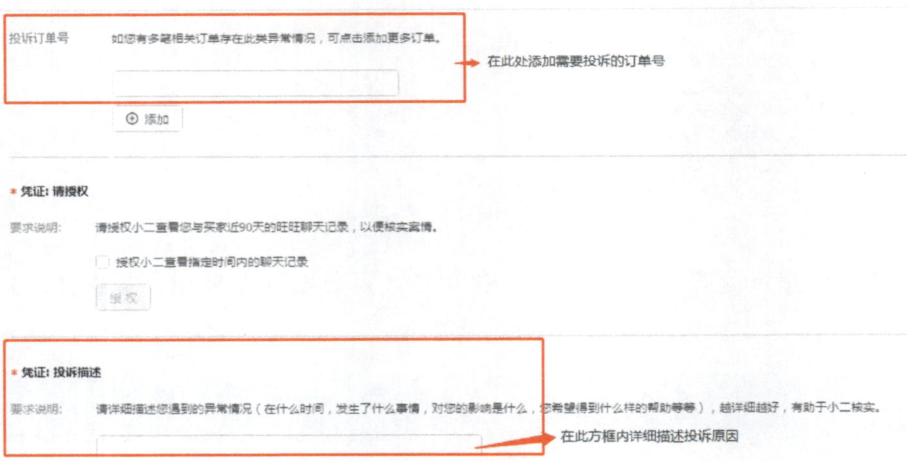


图 11-5

⑤ 投诉提交成功后的提示如图 11-6 所示，淘宝平台会在 1~3 个工作日内审核完毕并通知商家处理结果。

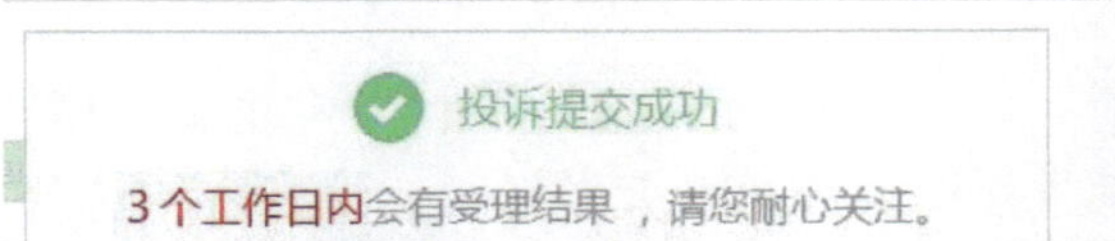


图 11-6

## 11-3-2　提交投诉注意事项

在“恶意行为投诉中心”进行投诉时，要注意以下几个事项。

① 如果投诉的订单涉及两种不同的投诉场景，需要将涉及不同场景的投诉分开提交，如图 11-7 所示。如需投诉订单 1：已付款，订单地址错误；订单 2：客户拍下 1000 件衣服未付款，需要分别选择“买家使用错误收货信息”“买家大量拍下不付款”两种场景提交投诉。

图 11-7

② 在选择投诉场景时，可根据需要更改投诉场景，但更改场景将清空您所有添加的内容，请谨慎选择，如图 11-8 所示。

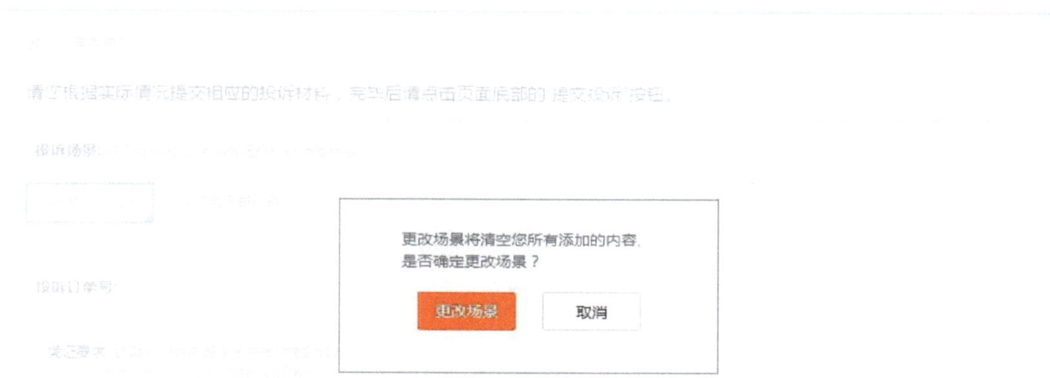


图 11-8

③ 请填写正确有效的订单号、举证号，订单号、举证号不能包含文字、字母、空格、符号等非有效字符，不能填写退款编号或者投诉编号，图 11-9 中填写的格式不正确，填写时不能有空格；图 11-10 中填写的订单号格式不对，订单号以数字为准，不应有字母。

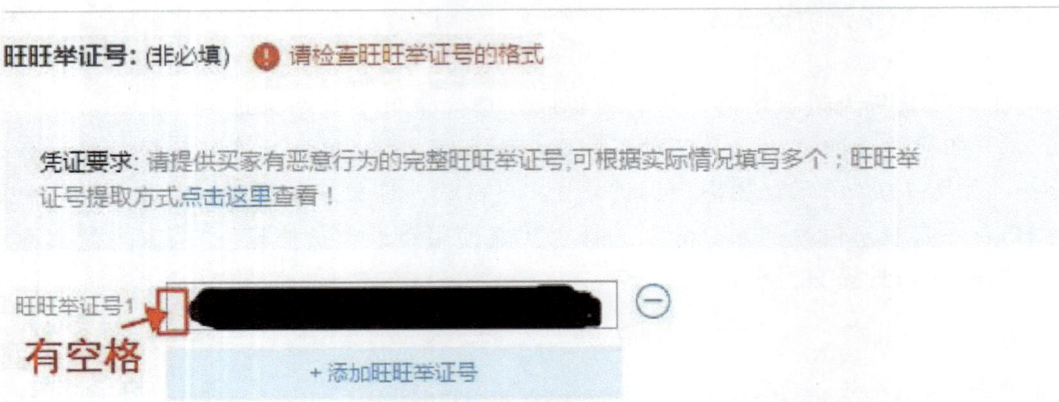


图 11-9

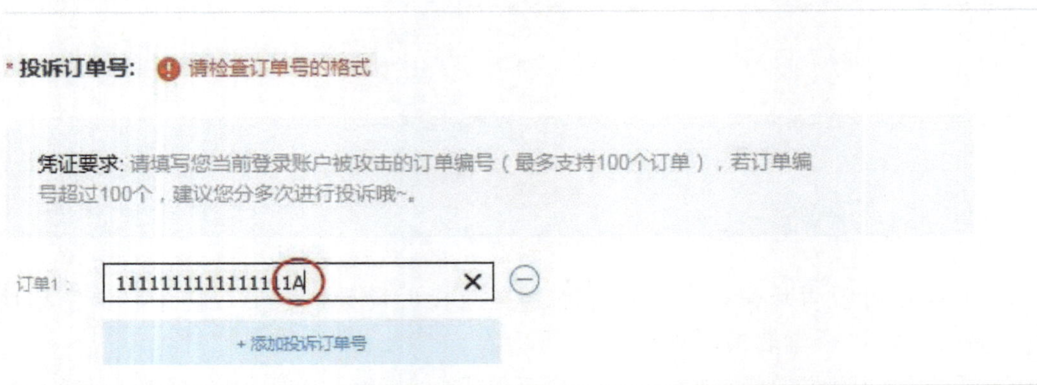


图 11-10

④ 在提交投诉时，商家可根据投诉场景提交相关凭证，包括但不仅限于以下凭证：正确的订单号、阿里旺旺聊天举证号、物流底单照片、货物照片、QQ 完整聊天记录图片等。

### 11-3-3 投诉结果解析

对恶意行为投诉后，商家可进入“投诉记录”页面查看投诉处理进展情况。可在“关键词搜索”栏中输入投诉会员名、订单编号或投诉编号进行快速查询，如图 11-11 所示。

图 11-11

商家提交的投诉出结果后，状态变更为：已完结，如图 11-12 所示，可单击“查看详情”按钮查看更详细的处理结果。

图 11-12

作为淘宝和天猫的商家，应充分利用平台给予的权益，维护自己的利益不受侵害，但也要合理合法地运用，不可滥用，与平台一起维护好网络购物的市场环境。

# 12 需要掌握的平台规则和《广告法》

客服在售前和售后的整个流程中作为客户和商家沟通的桥梁，对网店的转化率、信誉、好评率、纠纷率等起着至关重要的作用。熟练掌握平台规则和相关广告法规，是一个客服必须具备的基础知识技能。

## 12-1 解读《中华人民共和国广告法》及平台规则

《中华人民共和国广告法》（以下简称《广告法》）是为了规范广告活动而制定的。《广告法》中有专门针对互联网广告的管理办法，其涉及的商品和平台非常多，对于整个互联网行业广告的健康发展进行了全方位监管。

客服需要熟练掌握《广告法》，在客服活动中不得违反国家法律，可以从三个方面对《广告法》进行解读，如图 12-1 所示。

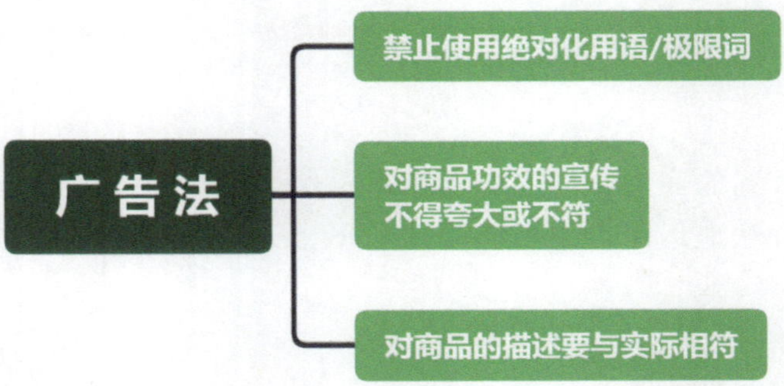


图 12-1

### 12-1-1　禁止使用绝对化用语/极限词

① 《广告法》及监管部门明令禁止使用的绝对化用语/极限词包括：最高级、国家级、最佳、顶级、极品、第一品牌。

**【违规情形举例】**

客户：你们家这款面膜孕妇可以用吗？所含的成分是否安全？

客服：亲，您好，我们家这款面膜包含的成分主要是角鲨烷精华液，这种精华液是纯天然植物萃取的，是纯进口的，安全等级可以说是国家级的，效果也是极好的，孕妇完全可以放心使用哦！

② 含有绝对化词义且无法通过客观证据证明的，建议不要使用，例如，绝无仅有、顶尖、万能、第一、最低、销量+冠军、抄底、最具、最高、全国首家、极端、首选、空前绝后、绝对、最大、世界领先、唯一、巅峰、顶峰、最新发明、最先进等。

客服在跟客户沟通时，要坚决杜绝使用极限词，一旦使用将可能因为夸大产品功效，使网店的退款率和售后概率上升；也可能会被恶意客户或职业打假人抓住漏洞，增加网店的纠纷率，甚至会面临商品下架、网店扣分的处罚等。

**【违规情形举例】**

客户：亲，我看这件衣服的款型还不错，质量怎么样啊？

客服：亲，您好，您的眼光真好，这件衣服是今年最流行的款式，非常时尚。质量请您放心，您可以看一下细节图，车线非常工整，做工堪称完美，质量也是一级棒！

客户：那这件衣服上班穿可以吧？

客服：当然可以，这件衣服适合各种场合穿着，不管您是上班、逛街还是旅行都可以穿，而且怎么穿都时尚，绝对是新时代女性的首选！

③ 客服人员在跟客户讲解商品时，有些词语虽然并不是极限词，但也要谨慎使用，如名列前茅、稀有、“双 11”专供等与事实不符、有夸大嫌疑的词汇。对此，淘宝平台也专门对一些比较模糊的词语做了解释。

**※ “稀有”算不算极限词？**

要根据语境来看，如果形容的是稀有的金属、稀有的动物、稀有的植物等客观事物，就没有问题，但如果直白地说某产品稀有，虽然不一定构成绝对化用语，但可能存在虚假宣传，因为大部分工业化产品不存在稀有的情况。

※“××行业销量名列前茅”是否违反广告法？

“名列前茅”一词从成语语义上来解读，是指名次在前面的意思，不是唯一的，跟第一名有所区别，算不上违禁词，但是如果要宣称自己的商品在行业销量名列前茅，那么必须要有相关的统计数据支持。如果行业排名位于中间，却宣传名列前茅就会构成虚假广告。

※宣称“领军人物”是否违反广告法？

“领军人物”一词用在广告里面也要结合其他宣传点一起来分析，如果“领军”这个词有相关的背景或者出处，一般没有问题，如果没有出处依据，那么有可能会构成虚假广告。

※“××××专供”是不是违禁词？

“专供”两个字本身不违法，但如果广告宣传某商品是“双11”专供，但是在春节、元旦搞活动的时候也在卖同一款商品，那就会构成虚假广告。

宣传与经营活动相关的广告是一个动态的过程，不能仅着眼于当前，也不能仅着眼于词汇本身，要综合起来看，总之，一定要真实。

### 12-1-2 对商品功效的宣传不得夸大或不符

客服在为客户描述商品时，除了要坚决避开绝对化用语和极限词外，还应该注意，不能一味地为了卖出商品，而对商品的功效进行夸大或不符合事实的描述，此类情况多体现在食品、保健品、护肤品等商品上。淘宝平台根据《广告法》要求和不同的场景列出下列几项规则。

①《广告法》第十七条规定如下：

除医疗、药品、医疗器械广告外，禁止其他任何广告涉及疾病治疗功能，并不得使用医疗用语或者易使推销的商品与药品、医疗器械相混淆的用语。

**【违规情形举例】**

非医疗器械，却宣传具有医疗治病功效。

客户：这款泡脚盆有按摩功能吗？

客服：有按摩功能，除了脚底按摩外，还可以按摩您小腿的穴位，在帮您缓解疲劳的同时，还可以增强您的抵抗力，助您强身健体。

② 食品广告不得使用与药品相混淆的用语，不得直接或者间接地宣传食品具有治疗作用，也不得借助宣传某些成分的作用，明示或者暗示该食品有治疗作用。

**【违规情形举例】**

非药品，却以药品的治疗作用进行宣传。

客户：这款灵芝粉，我看描述里边有抗癌的作用，真的假的？

客服：是的，亲，灵芝是中药之王，所有中药里唯一入五经的药，我们家灵芝粉多糖含量非常高，效果很好，而且我们有真实案例，不少客户吃了我们的灵芝粉之后，癌症得到控制，现在都生活得很好呢！

客户：我看还有其他很多疗效，好像是万能食品。

客服：是的，亲，灵芝是中药之王，能有效增强人体抵抗力，身体好了，各种小毛病也就都好了。

③ 食品、特殊营养食品广告不得宣传保健功能，也不得借助宣传某些成分的作用，明示或者暗示其有保健作用。如没有减肥功能的茶就不能在包装上使用“减肥茶”这种说法。

**【违规情形举例】**

没有保健功能的食品却宣传具有保健功能。

客户：您好，我看这个杏仁礼盒套装上介绍有抗癌、清肺、止咳、化痰的作用，真的有效吗？

客服：亲，杏仁本来就是中药的一种，确实有这些作用，专家指出杏仁中含有抗癌的成分，还能润肺、止咳、化痰，很多顾客买了都说好，您可以买回去试一下。

④ 《广告法》第十八条规定如下：

保健食品广告不得含有下列内容：(一)表示功效、安全性的断言或者保证；(二)涉及疾病预防、治疗功能；(三)声称或者暗示广告商品为保障健康所必需；(四)与药品、其他保健食品进行比较；(五)利用广告代言人作推荐、证明；(六)法律、行政法规规定禁止的其他内容。保健食品广告应当显著标明“本品不能代替药物”。

**【违规情形举例】**

卖灵芝粉的客服说灵芝粉就是一种菌类，绝对不会有任何副作用，对人有百利而无一害；灵芝粉是中药之王，能增强人体的抵抗力，感冒、胃痛等患者喝灵芝粉就可痊愈；宣传灵芝粉功能强大，男人喝了强身健体，女人喝了美容养颜，老人、孩子喝了增强抵抗力，健康需要喝，不健康更要喝，是每个家庭所必需的商品。

以下为保健食品的功能范围，未取得保健食品批号的商品，不能使用其中的词语及同义词。

| 1. 增强免疫力。<br>2. 辅助降血脂。<br>3. 辅助降血糖。<br>4. 抗氧化。<br>5. 辅助改善记忆。<br>6. 缓解视疲劳。<br>7. 促进排铅。<br>8. 清咽。<br>9. 辅助降血压。<br>10. 改善睡眠。<br>11. 促进泌乳。<br>12. 缓解体力疲劳。<br>13. 提高缺氧耐受力。<br>14. 对辐射危害有辅助保护功能。 | 15. 减肥。<br>16. 改善生长发育。<br>17. 增加骨密度。<br>18. 改善营养性贫血。<br>19. 对化学性肝损伤有辅助保护作用。<br>20. 祛痤疮。<br>21. 祛黄褐斑。<br>22. 改善皮肤水分。<br>23. 改善皮肤油分。<br>24. 调节肠道菌群。<br>25. 促进消化。<br>26. 通便。<br>27. 对胃黏膜损伤有辅助保护功能。 |
|---|---|

⑤ 对于化妆品功效的描述，需注意以下要求：

化妆品除不能使用绝对化用语外，还不能使用纯天然制品、无副作用等词语。

化妆品广告不得涉及化妆品性能或者功能、销量等方面的数值数据。例如，不得使用“肌肤 15 倍透亮白皙”“7 天后奇迹般呈现亮白光采”等语句。

化妆品制法、成分、效用或者性能不得虚假夸大。

化妆品广告不得宣传化妆品具有医疗作用或者使用医疗术语。例如，不能描述修复类护肤品可以消肿消炎、抗过敏等。

化妆品不得以他人名义保证或者以暗示的方法使人误解其效用。例如，使用消费者的对比照片来说明产品疗效；引述×××教授、专家的介绍，以教授、专家的名义使人误信效用。

## 12-1-3 对商品的描述要与实际相符

### (1) 描述不符的定义

对商品描述不符是指客户收到的商品或接受的服务，或经过淘宝、天猫官方抽检、排查到的商品或服务存在与商家的描述不符，或商家未披露商品瑕疵等信息，妨碍了客户权益。

**【违规情形举例】**

① 商品描述标注为“牛皮革”或者“头层牛皮革”，检验结果为牛剖层革、牛剖层移膜革、牛剖层绒面革。

② 商品描述标注为聚氨酯(PU)人造革(或合成革)，检验结果为聚氯乙烯(PVC)人造革(或合成革)。

**【违规情形举例】**

商品描述或者标注为葡萄酒的，实际存在以下任一情形的：

① 产地、产区描述与实际不符，如商品描述为产自法国波尔多地区，实际并非产自该产区。

② 葡萄酒中掺入外源水、糖、$CO_2$ 等，法规规定的限量内添加以满足工艺需求的除外。

**(2) 违规网店的处置**

对于存在商品描述不符的网店，淘宝平台除了会对网店扣分外，还会对网店进行监管、屏蔽及全店商品搜索降权、全店或单个商品监管、交易账期延长、限制发布特定属性商品、限制发布商品数量、限制发布特定类目商品、限制使用商品发布的特定功能、限制使用特定管理工具等临时性市场管控措施。

作为客服，一定要熟悉商品，对商品属性了如指掌，在给客户介绍商品时，务必准确、真实地描述商品，切勿夸大宣传商品，更不能不切实际地随意描述商品的材质、特征等，以免增加售后负担，甚至更为严重地造成网店被处罚、被投诉等问题。

## 12-2 如何应对投诉

在经营店铺的过程中，如果因为极限词、绝对化用法、商品描述不符遭到客户的投诉，要采取相关的处理措施。

**(1) 关于极限词的投诉处理**

**案例 1**

2016 年 3 月，方林富炒货店因在店铺及商品包装袋上使用“杭州最优秀炒货店”“杭州最好吃的栗子”等宣传用语，被杭州市西湖区市场监管局处以 20 万元的罚款。

该案经过媒体报道后引发了广泛关注。社会公众普遍认为，对于一家“小本经营”的炒货店而言，20 万元的罚款金额显得太重了。西湖区市场监管局则认为，20 万元的罚款已是《广告法》第五十七条规定的最低处罚金额。最终，炒货店通过起诉，法院判决将罚款金额变更为 10 万元。

《广告法》对于极限词的规定是非常严格的，极限词一旦被用在广告中，就会面临被处罚的可能。在商品的标题、副标题、主图、详情页、商品包装、客服与客户沟通过程中，都禁止使用极限词。对于使用极限词的网店，一经发现将给予扣分并进行罚款的处罚，情节严重的将直接封店。而一旦遇到客户对极限词进行投诉，并维权成功，赔付金额将由商家全部承担。所以，网店一定要重视起来，自查自纠，及时进行修正和更改，以免被罚。

**案例 2**

陈某利用网上搜索来的所谓“极限词库”，在各大网购平台上不断“物色”合适的商家，一旦匹配到商品的页面上存在“纯天然”“最”等描述词语，就以商品虚假宣传、存在违反《广告法》极限词规定为由，对商家进行投诉。除此之外，陈某还伪造了向市场监督管理局投诉的材料，并留下自己的联系方式暗示商家“价格可谈”。

不少商家既怕投诉影响商品的销售及网店的信誉，又怕被投诉到监管部门会引来“巨额罚款”，大多经讨价还价后被迫转给陈某 10 元至 1000 元不等的钱款。正是利用商家怕麻烦的心理，陈某仅用五个月时间，共敲诈勒索上百名商家，非法获利 3.6 万元。

法院一审判处陈某有期徒刑一年八个月，并处罚金人民币 1.5 万元。陈某未提起上诉。

像上述案例中陈某一样的职业打假人每天就盯着网店寻找极限词，利用了不少商家不懂法、怕麻烦的心理，以投诉、工商处罚来威胁商家私了，一旦网店因为极限词被投诉了，该如何做？

① 查看被投诉的原因，了解实情。可以通过“千牛”软件的“商家工作台”首页中的“违规提醒”（见图 12-2）进行查看。

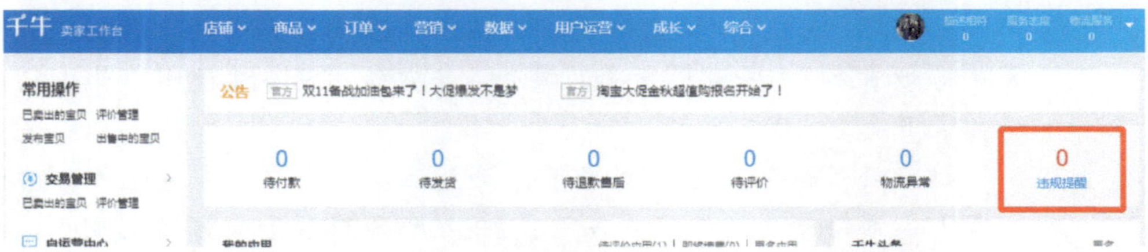


图 12-2

进入“违规提醒”页面后，可以查看具体的投诉编号、投诉方、投诉原因、投诉状态等，并且可以单击“查看详情”，进入“查看详情”页面查看，如图 12-3 所示。

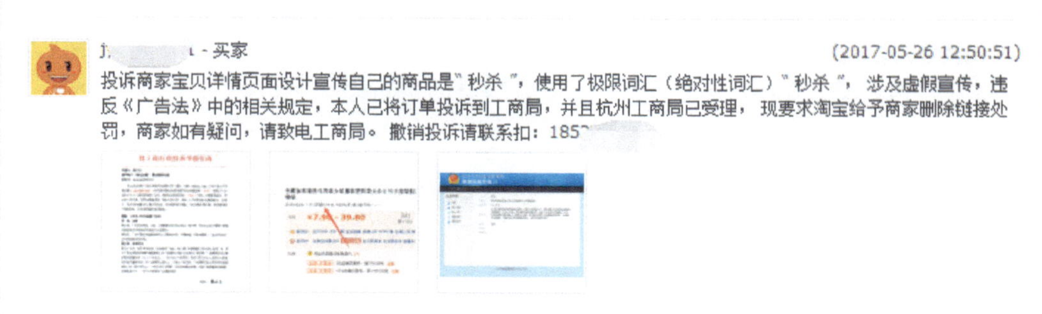


图 12-3

② 如果发现是恶意投诉，不要去联系投诉方，一旦联系投诉方，对方可能会索要赔偿，并暗示如不进行赔偿的后果。在查清楚问题之后，可以联系淘宝、天猫平台的人工客服，提供投诉编号，寻求关于投诉处理的解决办法。

③ 进行自查。如果商品的广告中确实有极限词，应先修改极限词，并取得对方恶意投诉的证据，比如退款成功界面截图、投诉方留言的截图等；然后拒绝投诉，把凭证上传淘宝、天猫平台，一定要时刻关注平台的举证。如果投诉方三天内未提交凭证，那么这个投诉就不成立，网店就不会受到影响。

④ 关于极限词问题，商家可以通过反复检查来有效避免，除了保护自己的网店不受投诉纠纷影响外，也能更好地维护市场环境。

**(2) 关于描述不符的投诉处理**

① 如果描述不符的问题肉眼可识别，首先要取证，要求客户拍照片或者视频作为凭证，如果举证无效，可以不予处理；举证有效，客户退货，商家退款。

② 如果描述不符的问题肉眼不可识别，商家提供发票等相关资料证明自己的商品来源合规，若客户举证无效，可以不予处理；客户举证有效，客户退货，商家退款。

③ 对商品进行描述不符的全面排查，如果认为没有问题可以提起申诉。

如果淘宝排查发现商品描述不符，执行处罚前会允许商家在 2 天内提起申诉，申诉材料为商品的质检报告。商家举证无效才会被处罚。

如果淘宝排查发现商品描述不符，执行处罚后 15 天内商家可申诉，申诉材料为商品的质检报告。

总之，作为淘宝客服要熟知《广告法》和平台规则，这样在跟客户沟通、推荐商品的过程中才会遵守《广告法》和平台规则，不会轻易出现极限词、描述不符等失误，从而有效减少投诉概率，即使遇到投诉，也能从容应对。

《广告法》和平台规则，对于构建电商平台健康环境有不可忽视的作用，对电商平台健康发展有良好的意义。

# 13 内容营销

近年来，中国电商市场蓬勃发展，然而，驱动电商市场发展的主要因素却在不断发生变化。一方面，随着移动支付的普及，人口结构、文化以及消费理念的改变，电商市场的消费群体越来越大；另一方面，经过不断探索和市场验证，新的商业模式逐渐进入爆发期。新的市场环境对品牌的营销提出了新的要求，如何保持电商业务高速增长，抓准具有市场潜力的领域进行布局，从而带来真正的业务增长，是电商行业从业者需要解决的首要问题。

正所谓“无内容，不电商”。电商网站不仅仅是单一的销货渠道，更是商家及平台为消费者提供更好的购物体验的场所。电商时代的内容营销是品牌营销的重要组成部分，已经成为全球市场趋势。

## 13-1 什么是内容营销

内容营销是一种销售策略，指的是以图片、文字、动画等向客户传达有关企业或商品的相关内容，达到促进销售的目的。内容营销所依附的载体，可以是企业的Logo、画册、网站、广告，甚至是T恤、纸杯、手提袋等，根据不同的载体，传递的介质各有不同，但是内容要表达的核心必须是一致的。

### 13-1-1 内容营销的发展历程

内容营销是不需要做广告或做推销就能使客户获得信息、了解信息，并促进信息交流的营销方式，它通过印刷品、数字、音视频或活动，提供目标市场所需要的信息，而不是依靠推销行为。

2017 年，内容营销迎来了大爆发，从 2 月百度文库提出“内容营销”，到 9 月知乎提出“知识营销”，相继出现了百雀羚的一镜到底式的 H5、网易云音乐地铁专列、江小白走心文案等，通过优质内容对品牌赋能，使品牌的知名度和销量双双获得提升。数据显示，单纯依托渠道投放、硬广告展现推销商品已成过去，优质内容传播将成为品牌营销的主流趋势。

现在，淘宝内容营销的占比越来越高，平台入口越开越多，手机淘宝的首页如今有 70%以上的页面都已内容化。淘宝力推内容营销主要有以下两方面原因。

① 电商平台必须抢占用户时间，“人不在我这里，就会去别人那里”。

② 客户群体发生变化，客户不再只根据性价比选择商品，而是开始寻找个性化、品质化的商品，要实现这一点，就需要通过平台入口找到心仪的商品，通过内容营销去抓住客户是最合适的。

### 13-1-2　内容营销的方法

淘宝内容营销常见的频道入口有：淘宝头条、有好货、必买清单、爱逛街、每日耗电、直播页、猜你喜欢、搜索列表页、淘攻略、生活研究所、我淘我家等。

首先商家通过达人(指在网络的上线时长和内容更新频率很高的活跃用户，他们一般都是某方面很精通的人)或者自己的账号产生内容(文章、短视频等)，然后商家把内容提交到有权限的频道或活动中，淘宝平台审核通过后负责分发到手机淘宝的各个内容频道，即对应的流量池。最后客户打开淘宝看到推荐的内容并点击阅读，感兴趣的就会点击商品或网店链接进入网店，最终实现收藏加购或直接购买。

为满足消费者不同的购物需求，淘宝和京东发力打造丰富的站内内容板块，如图 13-1 所示。

图 13-1

由于各电商平台原生用户的差异，使得消费者对于不同类型的内容频道有不同的偏好。比如，消费者在淘宝和京东的内容频道展现出不同的偏好，在淘宝的消费者更倾向于关注商品的具体内容信息，而京东的消费者则倾向于关注折扣信息，所以，淘宝和京东在内容营销的建设上，展现出对于不同内容的导向偏好，如图 13-2 所示。

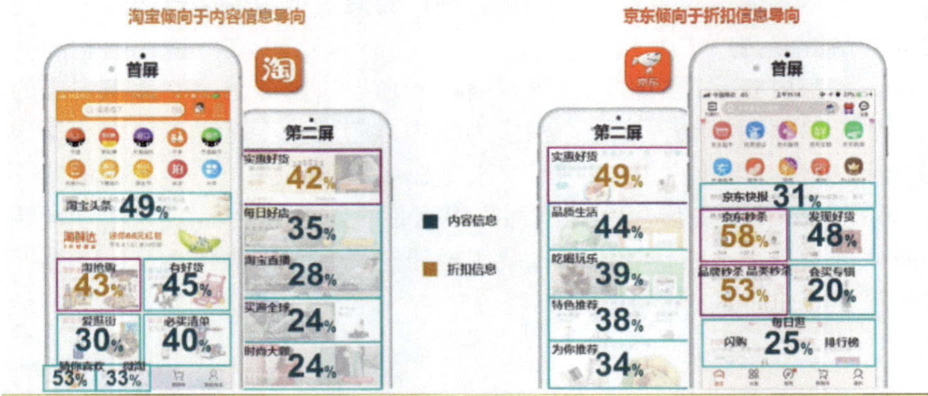


图 13-2

## 13-2　内容营销的形式

在网络中，内容营销的呈现形式多种多样，有软文营销、知识营销、直播、新闻稿、音频、博客、站内评论、音乐、动画、图片、在线教学或电视广播、幻灯片、视频、研讨会、App、游戏等多种表现形式。

### 13-2-1　软文营销

所谓软文，是指以文字的形式对自己所要销售的商品进行推广，来促进商品的销售。软文营销可以解决企业品牌日常宣传、网媒发稿、荣誉/展会/活动宣传等阶段性需求，可以使企业品牌快速在互联网上传播，扩大影响力，提升美誉度。软文营销的优势主要有以下几点。

① 可以通过各大网站软文发布平台进行发布。

② 当消费者想了解相关信息时，可以去各大搜索引擎搜索，而通过各大门户网站的报道能够有效地提升品牌的形象和可信度。

③ 可以把发布到门户网站的软文链接到企业网站上，起到一个非常好的品牌烘托作用。

④ 软文不像广告那样需要长期和大量金钱投入，软文只要发布一次，就可以长期运用。

⑤ 软文比短期的投放广告更有效，能够达到宣传和促进销售的效果。

## 案例 1

茅台原浆窖藏酒与蜚声全国的茅台酒同宗同源。历史上，茅台酒始于“荣和”“成义”“恒兴”三家传统酒坊，三者既是竞争对手又时常合作。“荣和”和“成义”共同研发了一款茅台原浆窖藏酒，简称茅浆窖酒，并在酒瓶封口刻上了两家酒坊的名字。但因经营不善，茅浆窖酒销路并不理想。后来由于战乱等诸多原因，茅浆窖酒几乎销声匿迹。直到 1987 年，在茅台酒厂一车间发现遗留的几坛茅浆窖酒。茅浆窖酒酒香突出，入口纯净，为不使美酒在人间绝迹，茅台一分厂重新出品了新的茅浆窖酒，将原本在酒瓶封口刻的两家酒坊名字的标记，移至酒瓶背标，盖上“荣成窖”章以示纪念。

时过境迁，新出品的茅浆窖酒虽然有悠久的历史传统，但如今已不再是酒香不怕巷子深的时代，尤其在年轻人和互联网中的知名度还不高，为了推广这种酒，酒厂找到了专业网络推广策划平台，助力其实施“互联网+”战略。

综合考量茅浆窖酒优势，加上有茅台酒珠玉在前，要提高茅浆窖酒的知名度并不存在太多问题，即使之前没有听说过的人，看到茅浆窖酒这一品牌时也自然会与茅台酒优质高端的品牌形象联系在一起，因此在知名度与品牌认知度上并不需要再投入大量的资源。

有了这种分析，茅浆窖酒的网络推广主要集中在品牌精确定位与口碑营销上。茅浆窖酒与茅台酒血缘亲近固然不是坏事，但也有不利的一面，在人们对假货敏感的当下，很可能让一些消费者产生茅浆窖酒是茅台酒“野鸡”品牌的联想，这是非常危险的。对此，策划平台精心编写了几篇影响力较大的软文作为新闻稿，在消费者群体中精确定位了茅浆窖酒品牌来源的独立性。

除此之外，后期还通过撰写问答推广软文进行营销。在一般人的印象中，问答推广软文虽然是网络宣传推广中的重要一环，但往往认为其宣传效果并不理想。其实不然，只要掌握技巧，问答推广软文依然可以获得相当多的阅读量。以茅浆窖酒为例，策划者共发布了 20 篇问答推广软文，获得了近 10 万次的访问量，宣传效果极佳。这些软文将茅浆窖酒历史传统、价格、品质、如何辨别真伪等消费者关心的问题植入问答中并予以解答，使茅浆窖酒不仅口碑评价爆表，消费者购买转化度与重复购买率也极高。

### 13-2-2　知识营销

利用知识进行营销是指通过有效的知识传播方法和途径，将企业所拥有的对消费者有价值的知识(包括商品知识、专业研究成果、经营理念、管理思想以及优秀的企业文化等)传递给潜在消费者，并逐渐形成对企业品牌和商品的认知，进而使消费者萌发对新产品的需求，达到扩大市场的目的。

知识营销一方面能解答消费者和潜在消费者的认知困惑，增加网络人群对品牌的黏性，另一方面能树立形象，迅速提升企业口碑。知识营销的优势主要有以下几点：

① 依托企业品牌所处行业，将硬性广告传播转化为知识分享，增强渗透力。

② 知识营销能够长久产生影响，在各渠道流转，对于积累消费者非常有利。

③ 以传播知识为媒介，将传播商品知识转为公益诉求，消费者接受程度更高。

④ 知识营销能够树立品牌的行业专家形象，有助于提升品牌口碑及影响力。

⑤ 打通各个传播渠道，进行全网范围内有重点、有层次的传播，长期影响精准受众。

**案例2**

几乎每一个深谙快消品行业的人都知道，极易被模仿的商品模式，难以形成差异的价格区间，让快消品市场形成严重的同质化现象。这也意味着，相比其他行业的商品，快消品想要单纯通过品牌和价格建立市场优势的可能微乎其微。因此，对于快消品而言，成功打入并占据市场的核心之一在于：如何通过品牌营销在消费者心中建立商品认知，形成差异化，从而达到品牌溢价的目的。

时下流行的娱乐化营销对于行业及消费者而言已司空见惯，其优势在于能够在短时间里为品牌商品提供大量的曝光以及随之而来的庞大用户流量。但缺点也显而易见，在短暂的“狂欢”过后，能够在消费者心目中建立清晰认知，形成长久影响的商品寥寥无几。究其原因在于品牌信息难以与娱乐化营销内容契合，吸引消费者的往往不是品牌商品，而是娱乐化营销下的碎片化内容，本末倒置。同为快消品的特仑苏，在高端乳品市场同样面临着普遍的同质化问题。时值特仑苏产品升级节点，如何以突破的媒体创新手段，强化商品概念从而吸引消费者，成为特仑苏所面临的抉择与挑战。面对这一形势，特仑苏选择了“知识营销”，与知识社交平台“知乎”展开了一场别开生面的跨界合作。

凭借认真专业的氛围和有趣的知识干货，知乎作为全网信任的优质内容信息源，素有中文互联网版《百科全书》的称号。对于特仑苏而言，商品升级后希望传递给消费者“天然健康有机”的理念难以通过娱乐化营销的方式呈现。相反，通过洞察消费者好奇心，用“知识”赋予品牌信任度的专业形象，在泛娱乐化的快消品营销中脱颖而出，是知乎能带来的独特营销价值。为了达成这一目的，特仑苏通过知乎的“知识营销”，充分将商品概念渗透给消费者。知乎与特仑苏用全面覆盖线上线下，又环环相扣的“三级跳”式传播，验证了“知识营销”的力量。

第一阶段，唤醒用户的好奇心和求知欲，影响潜在用户。特仑苏与知乎携手挖掘了知乎站内 54 个趣味十足的自然科学知识，并以原生广告的形式投放到知乎网站。以优质的自然科学知识内容，吸引并赢得知乎用户的信任，从而转化为品牌用户，将内容进一步扩散到全网范围。

第二阶段，产品升级“知识包装”，让每一瓶特仑苏都成为一个“自然科学知识”。在线上通过知乎积累大量“自然科学知识”，并初步建立“自然科学知识”与“特仑苏”的绑定关联后，特仑苏将线下产品的包装全面升级，将 54 个自然科学问题和知识二维码印刷在特仑苏有机纯牛奶全新版产品包装上，如图 13-3 所示。通过“扫码获知识”的方式强化用户交互体验的同时，进一步把用户的互动体验从线下转移到线上知乎的相关内容讨论中，积累更多用户的互动评论反馈，并把它们转化为品牌内容资产的一部分，使之成为品牌产品的强背书。

图 13-3

第三阶段，入驻知乎机构号，搭建长期用户沟通平台。在积累了一定的品牌内容资产与品牌用户后，特仑苏通过入驻知乎机构号，进一步与知乎用户展开更多且长期的沟通交流。以问答、文章等知乎用户熟悉而习惯的方式，继续以“自然科学知识”内容与用户保持“亲密度”，从而长期培养、渗透知乎上潜在的特仑苏消费者。

运用知识营销的方式，知乎与特仑苏携手完成了一次跨界营销盛宴。在这一过程中，知乎所起到的作用不仅仅因为它是拥有大量用户流量的“媒介”，知乎平台自身专业认真的内容也为品牌商品提供了强信任背书；特仑苏高端乳品的目标消费者群体与知乎上的“高净值”用户吻合，大量潜在的消费者有待通过知乎开发；成功培育成“品牌种子”的知乎用户，不仅仅是消费者，更是品牌商品最具说服力的传播者，乐于分享且善于创作原创内容的知乎用户为特仑苏积累了一大笔宝贵的品牌内容资产。

特仑苏之所以能得到知乎用户的热情参与互动，与其深耕“自然科学知识”内容分不开。强调“专业、认真、友善”的知乎所孕育的用户崇尚有价值和知识深度的内容。特仑苏投其所好，利用趣味性强的“自然科学知识”，再加上专业深度和趣味可读性，让特仑苏的营销内容成为满足用户体验的“知乎优质内容”，潜移默化地提升用户对品牌商品的认知，用“知识”的力量，将知乎用户与特仑苏紧密连接起来。而这场别具一格的“知识营销”盛宴，也为特仑苏和知乎赢得了从行业到市场的认可，特仑苏和知乎的合作，在社交媒体渠道引起了大量用户的关注与好评。在用户好评之后，特仑苏更是荣膺中国有机乳品行业最大、最具分量的至高荣誉——2017 年中国国际有机食品博览会乳品金奖。

### 13-2-3 直播

直播作为除图文外新兴的电商内容营销形式，表现出了聚集流量和影响购物决策的潜力。电商平台的直播更是带来巨大的用户流量，成为线上商家必须关注的重要的内容营销方式，从图 13-4 可以看出，观看商品直播会对消费者的购买行为产生积极的影响，因此直播已经成为各电商平台进行销售的常用方式。

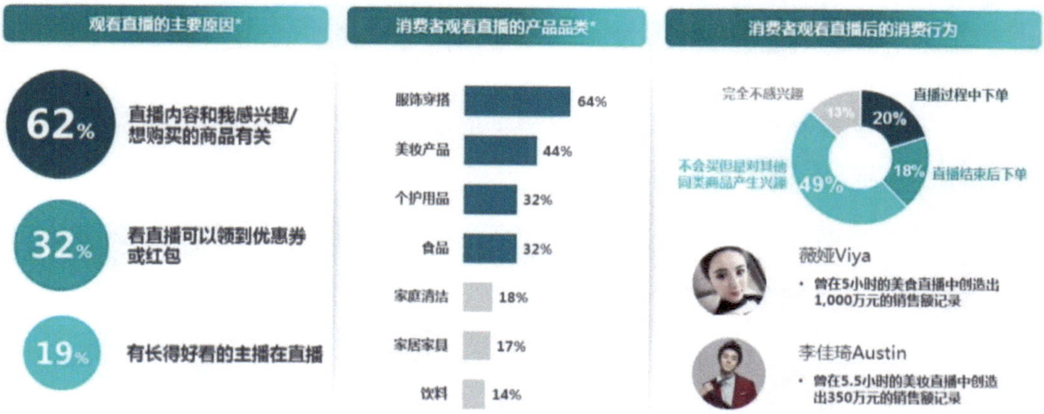


图 13-4

如图 13-5 所示，淘宝将直播板块从淘宝 App 首页不起眼的位置提升到了首屏，并不断优化、增加淘宝直播的入口。

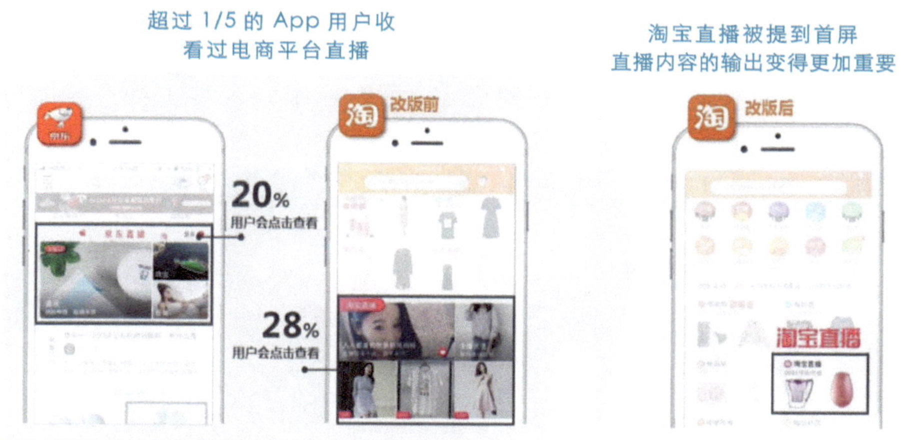


图 13-5

## 13-2-4　短视频

抖音、快手等短视频 App 的兴起，也让其成为人们娱乐、消磨时光的新方式。短视频即短片视频，是指在各种新媒体平台上播放的、适合在移动状态和短时休闲状态下观看的、时间在几秒到几分钟不等的视频。内容融合了技能分享、幽默搞怪、时尚潮流、社会热点、街头采访、公益教育、广告创意、商业定制等主题。由于时间较短，短视频可以单独成片，也可以成为系列节目。

随着移动终端的普及和网络的提速，短平快的短视频传播逐渐获得各大平台、粉丝和资本的青睐。短视频信息流以其丰富的内容抓住了消费者的眼球，淘宝已推进在商品详情页以短视频代替头图的进程。短视频的显示形式更美观；主图展示短视频可以更好地向消费者还原商品；详情页的解说、教程、测评类短视频可以降低客户的购买疑虑，如图 13-6 所示。

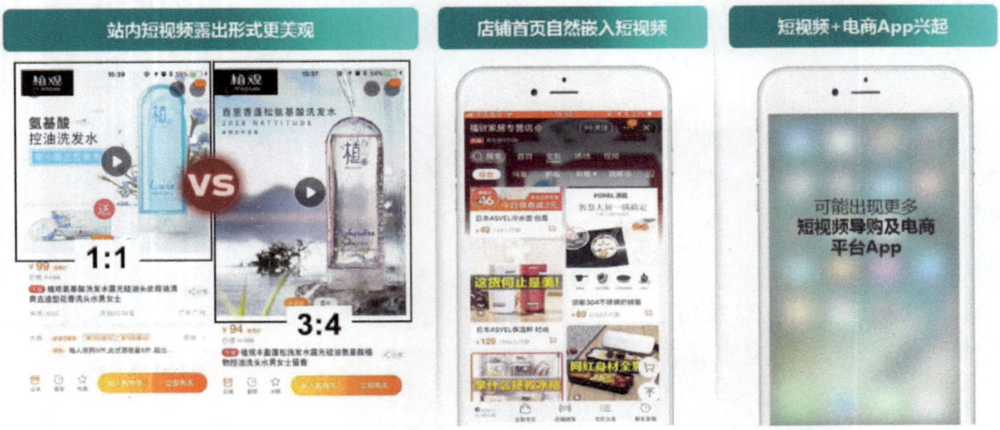


图 13-6

由于短视频具有上面提到的各种优点，可以在很大程度上提升销售转化率，如图 13-7 所示。

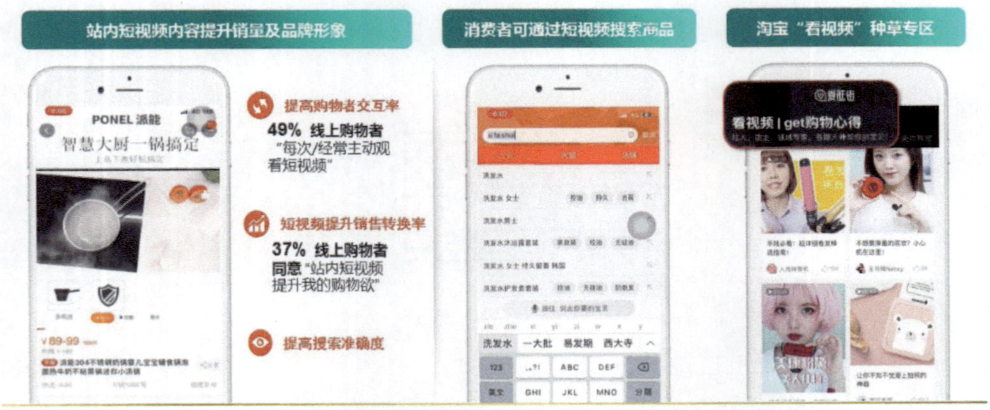


图 13-7

## 13-2-5　站内评论

站内商品评论在电商平台的内容管理中扮演着重要的角色。消费者的购物决策由以前单纯地看商品详情页到看评价，再到现在的在"问大家"工具中主动进行询问。

随着消费者网购行为的日益成熟，越来越多的消费者在做购物决策时，参考的信息也越来越多。很多客户购物的流程发生了改变。大数据显示，在客户下单前，主图和详情页的停留时间变短，而查看评论的时间变长，显然，主图和详情页已经不能满足现在的客户了。

在这种情况下，“问大家”工具应运而生。在“问大家”工具中，有意向购买商品的客户可以就商品的质量、价格、使用感受等问题进行提问，已购买过商品的客户和商家可以进行回答，如图 13-8 所示，这样可以让提问者更好地了解商品的真实情况。

图 13-8

中国电商市场发展至今，经历了从单纯销售工具，到渠道，到生态经济体的扩展、丰富和演进，不仅在规模上全球第一，在用法上更是变化万千。对于商家来说，想在市场竞争中获胜，必须把握住每个细微的营销节点，制定高度精确与充分整合的市场方案。

# 14 客户关系管理

## 14-1 客户关系管理的基本概念

客户关系管理(Customer Relationship Management，简称 CRM)是由美国高德纳咨询公司(Gartner Group)在 1993 年前后提出的。什么是客户关系管理？理论界与企业界众说纷纭，从不同的角度提出了各自的理解，主要有以下几种学说。

**(1) 战略说**

高德纳咨询公司最早给出了客户关系管理的定义，具体如下：“客户关系管理是为增进赢利、收入和客户满意度而设计的企业范围的商业战略。”高德纳咨询公司强调客户关系管理是一种商业战略而不是一套系统，它涉及的范围是整个企业而不是一个部门，它的战略目标是增进赢利、提高销售收入和提升客户满意度。高德纳咨询公司认为，所谓客户关系管理就是为企业提供全方位的管理视角，赋予企业更完善的和客户交流的能力，使客户的收益率最大化。

**(2) 策略说**

策略说认为，客户关系管理是企业的一项商业策略，它按照客户细分的情况有效地组织企业资源，培养以客户为中心的经营行为以及实施以客户为中心的业务流程，并以此为手段来提高企业的获利能力、收入以及客户的满意度。客户关系管理实现的是客户细分的一对一营销，所以对企业资源的有效组织和调配是按照客户细分的情况进行的，以客户为中心不是口号，而是指企业的经营行为和业务流程都要围绕着客户，通过这样的客户关系管理手段来提高企业的利润和客户的满意度。

**(3) 行动说**

行动说认为，客户关系管理指的是企业通过富有意义的交流沟通，理解并影响客户行为，最终达到提高客户获得、客户保留、客户忠诚和客户创利的目的。这个定义充分强调了企业与客户的互动沟通，而且这种沟通是富有意义的，能够以此来了解客户并在了解客户的基础上影响客户的行为，通过这样的努力最终实现的是获取更多的客户，保留原来的老客户，提高客户的忠诚度，从而达到创造价值的目的。

**（4）技术说**

技术说认为，客户关系管理是企业在营销、销售和服务范围内，对现实的和潜在的客户关系以及业务伙伴关系进行多渠道管理的一系列过程和技术。

**（5）文化说**

文化说认为，客户关系管理是一种企业文化，这种文化应使得客户能够很容易地与本企业做生意而不想找别的企业。

**（6）目的说**

目的说认为，客户关系管理使企业能够更好地了解客户的生命周期以及客户利润回报能力，能够在恰当的时间、以恰当的途径、向恰当的客户提出恰当的销售建议。

**（7）工具说**

工具说认为，客户关系管理是一个获取、保持和增加可获利客户的方法和过程。客户关系管理既是一种崭新的、以客户为中心的企业管理理论、商业理念和商业运作模式，也是一种以信息技术为手段，有效提高企业收益、客户满意度、员工生产力的具体软件和实现方法。

**（8）制度说**

制度说认为，客户关系管理是一套原则制度，在整个客户生命周期中都以客户为中心，其目标是缩减销售周期和销售成本，增加收入，寻找扩展业务所需的新的市场和渠道，以及提高客户的价值、满意度、营利性和忠诚度。客户关系管理在整个客户生命周期中都以客户为中心，这意味着客户关系管理将客户作为企业运作的核心。

**（9）IBM 公司的定义**

IBM 公司把客户关系管理分为三类：关系管理、接入管理和流程管理，涉及企业识别、挑选、获取、保持和发展客户的整个商业过程。关系管理是与销售、服务、支持和市场相关的业务流程的自动化流程管理，利用数据挖掘技术分析客户行为、期望、需要、历史，并具有全面的客户观念和客户忠诚度衡量标准与条件。接入管理主要是用来管理客户和企业进行交互的方式，如计算机电话集成、电子邮件响应管理系统等。流程管理是客户关系管理成功实施的关键，所有的业务流程必须灵活，要随商业条件或竞争压力的变化而变化。

## 14-2 客户关系管理的产生

### 14-2-1 客户关系管理产生的背景

获得和维持竞争优势是企业生存与发展的基本需求。资源能力学派认为：形成企业竞争优势和核心竞争力的，不是有形的机器设备、厂房、资本、产品等物质资源，因为这些资源很容易从市场中得到，你可以买到，你的竞争对手同样也很容易从市场中得到。而管理、人才、技术、市场、品牌形象等无形资源，则起着非常关键的作用。这些资源不易流动、不易被复制、交易频率低，其他企业不容易从市场中得到，具有相对的垄断性，可以产生一定的垄断优势。客户资源就是这样一种重要的市场资源，它对企业具有重要价值。

现代客户关系管理产生的原因可以归纳为以下两个方面：客户资源价值的重视（管理理念的更新）、客户价值实现过程需求的拉动。

**（1）客户资源价值的重视**

客户资源对企业的价值除了市场价值，即客户购买企业的商品、服务，使企业的价值得以实现外，还体现在以下几个方面。

① 成本领先优势和规模优势。客户能够为企业提供成本优势，也能提供收入优势。为新客户服务花费的费用，比为老客户服务花费的费用多。这是因为为新客户服务需要更高的初始化成本。如果企业能够增加回头客的比例，那么总成本会呈现下降趋势。另一方面，如果企业的忠诚客户在企业的市场中占据较大的份额，那就会形成规模优势，降低企业的成本。一般客户从众心理很强，大量的客户群也会成为客户购买商品考虑的重要因素。

② 市场价值和品牌优势。从战略的角度讲，客户不仅是承兑收入流的资金保管者，而且是能够提高市场价值的宝贵财富，这主要通过商标价值表现出来。商标价值是一个企业与其消费者或与起决定性作用的客户之间相互发生联系的产物，商标不能孤立地存在，它们因客户的认可而存在。没有客户作为出发点，企业便不能创造或维持商标的价值。较大的市场份额本身代表着一种品牌形象。客户的舆论宣传对企业的品牌形象也有重大的影响，特别是客户中的舆论领袖起的作用更大。应当注意的是，客户的舆论宣传有两种价值取向，一种是客户对企业的商品、服务很满意，他们会正面宣传企业的品牌；另一种则是不满意企业的商品、服务，他们会对企业进行负面宣传。两种宣传的影响都非常大。企业只有提供高质量的、令客户满意的商品及服务，树立良好的企业形象，才能获得客户的正面宣传。

③ 信息价值。客户信息对企业来讲是最为重要的价值，它会直接影响企业的经营行为，以及对客户消费行为的把握。比如沃尔玛连锁超市会分析会员客户的购

买行为、消费习惯等信息，设计面向该客户的产品服务组合和提供相应的企业关怀。亚马孙通过会员客户的资料、会员浏览网页的习惯和程序等，分析客户的消费特点与个人爱好，并据此制订服务不同客户的不同策略。

④ 网络化价值。客户的网络化价值是指，如果某商业客户使用你的商品、服务，则该商业客户的客户为了便于与他进行商业合作，也可能采用你的商品、服务，以此类推，该商业客户的客户的客户也可能采用你的商品、服务，因此形成了一种网络化的消费行为。

基于以上对客户价值的认识，企业应十分重视转变经营管理理念和利用现代科学技术为客户提供更为满意的商品或服务，来维持和发展与客户的关系。一些先进企业正在经历着从以商品为中心向以客户为中心的转变。

**(2) 客户价值实现过程需求的拉动**

与客户发生业务几乎涉及企业所有的部门，但在很多企业，销售、营销和服务部门的信息化程度越来越不能适应业务发展的需要，越来越多的企业要求提高销售、营销和服务部门日常业务的自动化和科学化水平，这是客户关系管理系统（CRM 系统）应运而生的需求基础。我们常常从客户、销售、营销和服务人员、企业经理那里听到各种抱怨。

① 来自销售人员的声音：

“从市场部提供的客户线索中很难找到真正的客户，我常在这些线索上花费大量时间。我是不是该自己来找线索？”

“出差在外，要是能看到公司计算机中保存的客户、商品信息就好了。我这次面对的是一个老客户，应该给他怎样报价才能留住他呢？”

② 来自营销人员的声音：

“去年在营销上花费了 2000 万。我怎样才能知道这 2000 万的回报率？”

“在展销会上，我们一共收集了上千张名片，怎么利用它们才好？”

“在展销会上，我向 1000 多人发放了公司资料，这些人对我们的产品看法怎样？其中有多少人已经与销售人员接触了？”

“我应该和那些真正的潜在购买者多多接触，但我怎么能知道谁是真正的潜在购买者？我怎么才能知道其他部门的同事和客户的联系情况，以防止重复地给客户发放相同的资料？”

“有越来越多的人访问过我们的网站了，但我怎么才能知道这些人是谁？我们的产品系列很多，他们究竟想买什么？”

③ 来自服务人员的声音：

“其实很多客户提出的计算机故障都是自己的误操作引起的，多数情况下都可以自己解决，但回答这种类型客户的电话占去了我们的很多时间，这种工作枯燥而无聊。为什么其他部门的同事都认为我们这些售后服务部门只是花钱而挣不来钱？”

④ 来自客户的声音：

“我从企业的两个销售人员那里得到了同一商品的不同报价，哪个才是可靠的？”

“我以前买的东西现在出了问题，这些问题还没有解决，怎么又来上门推销？”

“一个月前，我通过你们企业的网站发了一封 E-mail，要求销售人员和我联系，怎么到现在还是没人理我？”

“我已经提出不要再给我发放大量的宣传邮件了，怎么情况并没有改变？”

“我报名参加你们企业网站上登出的一场研讨会，但一直没有收到确认信息，研讨会这几天就要开了，我去还是不去？”

“为什么我的维修请求提出一个月了，还是没有等到上门服务？”

⑤ 来自经理人员的声音：

“有个客户半小时以后就要来谈最后的签单事宜，但一直跟单的人最近辞职了，而我作为销售经理，对与这个客户联系的来龙去脉还一无所知，真急人。”

“有 3 个销售员都和这个客户联系过，我作为销售经理，怎么知道他们都给客户承诺过什么？”

“现在手上有个大单子，我作为销售经理，该派哪个销售员才放心呢？”

“这次的产品维修技术要求很高，我是一个新经理，该派哪一个维修人员呢？”

上面的问题可归纳为两个方面：其一，企业的销售、营销和客户服务部门难以获得所需的客户互动信息；其二，来自销售、客户服务、市场、制造、库存等部门的信息零散地分散在企业内，各部门不能得到完整的信息，从而无法对客户有全面的了解，难以在统一信息的基础上面对客户。这就需要各部门对面向客户的各项信息和活动进行集成，组建一个以客户为中心的企业客户管理系统，实现对客户的全面管理。

### 14-2-2 客户关系定位的历史演变

客户关系定位经历了三个演变阶段，分别为“理性消费时代”“感觉消费时代”“感情消费时代”。

**(1) 第一阶段——“理性消费时代”**

在这一阶段，恩格尔系数(即食品支出总额占个人消费支出总额的比重)较高，社会物质不充裕，人们的生活水平较低，消费者的消费行为是理智的，他们不但重视价格，而且看重质量。

**(2) 第二阶段——“感觉消费时代”**

这一阶段，社会物质和财富开始丰富，恩格尔系数下降，人们的生活水平逐步提高，消费者选择标准不再是经久耐用和物美价廉，而是开始注重品牌、形象、设计和使用的方便性。

**(3) 第三阶段——“感情消费时代”**

这一阶段，随着科学技术的飞速发展和社会的不断进步，人们的生活水平大大提高，消费者越来越重视心理上的充实和满足，更加注重追求在商品购买与消费过程中心理上的满足感。

## 14-3 客户关系管理系统的产生

最早发展客户关系管理的国家是美国。早在 1980 年美国便有所谓的“接触管理”(Contact Management)业务，专门收集客户与企业联系的所有信息。到 1990 年，“接触管理”演变成电话服务，并对客户资料进行分析以支持“客户关怀”(Customer Care)。

从 20 世纪 80 年代中期开始，为了降低成本、提高效率，增强企业竞争力，许多企业重新设计了业务流程。为了对业务流程的重组提供技术支持，很多企业采用了企业资源计划系统，即所谓的 ERP(Enterprise Resource Planning)，它一方面提高了企业内部业务流程的自动化程度，使员工从日常事务中解放出来；另一方面也对原有的流程进行了优化。由此，这些企业完成了提高内部运作效率和质量的任务，可以有更多的精力关注企业与外部相关利益者的互动，以便抓住更多的商业机会。在企业的诸多相关利益者中，客户的重要性日益突出，他们对服务的及时性和质量等都提出了更高的要求。企业在处理与客户的关系时，越来越感觉到信息技术在与客户建立良好关系中的作用，客户关系管理系统应运而生。最初的 CRM 系统应用在 20 世纪 90 年代初，主要提供基于部门的解决方案，如销售队伍自动化(SFA)和客户服务支持(CSS)。它们虽然增强了特定的商务功能，但未能为企业提供完整的加强与个体客户间关系的手段。于是，20 世纪 90 年代中期推出了整合交叉功能的 CRM 系统解决方案。它把内部数据处理、销售跟踪、国外市场和客户服务请求融合为一体，不仅包括软件，还包括硬件、专业服务和培训，为企业的员工提供全面、及时的数据，以便清晰地了解每位客户的需求和购买历史，从而为客户提供相应的服务。

CRM 系统这一概念直到 20 世纪 90 年代末才开始深入到一些企业。IBM 公司的调查结果显示，大多数企业，尤其是中小型企业，仅对 CRM 系统的应用有一般了解，对特定的解决方案一无所知，虽然大多数企业都收集客户信息，但这些信息通常还是分别存储在不同的部门中，没有很好地在全企业内整合与共享。

20 世纪 90 年代后期，互联网技术的迅猛发展加速了 CRM 系统的应用和发展。在线客户自助服务和推动销售自动化的电子邮件使每一个 CRM 系统解决方案的采纳者进一步拓展了服务能力，使 CRM 系统真正进入了推广时期。

## 14-4 网店客户关系管理

随着电子商务相关法律法规的日趋完善，对网店的经营管理的要求也日渐提高。网店要想保持与发展自己的竞争优势，必须尽可能地提高客户的满意度，维护客户对商品的信赖、对网店的忠诚度，只有赢得客户才能实现网店的赢利和发展。因此网店应重视客户关系管理，根据客户关系管理的策略，建立客户数据库，重视售后服务，注重与客户的情感沟通。

### 14-4-1 网店客户关系管理现状

目前，在各大电商平台，商家们关注的莫过于“网店有几颗钻或者有几顶皇冠”，那些钻石、皇冠级的商家一般都对自己的业务量比较满意，因为高信誉的网店，客户光顾的自然就多，生意也算稳定。但是，很多商家并没有思考这样的问题：“我的客户挖掘深度如何？回头客多吗？由老客户介绍的新客户又有多少呢？”

据不完全统计，90%以上的网店都还没有自己的客户关系管理系统，有的只是厚厚的发货单、记账单。也许商家们觉得客户关系管理应该是大企业才用到的东西，跟经营网店没什么关系，其实不然，网店也有自己的客户，有客户就自然要管理。

### 14-4-2 网店进行客户关系管理的必要性

基于网店客户关系管理现状，网店进行客户关系管理的必要性有以下三个方面。

① 有助于提升网店识别客户的能力。企业的一切营销活动必须紧紧围绕“以市场为导向，以客户为中心”这条主线，网店也不例外。商家应该深刻认识到客户对网店来说是至关重要的，对客户真正重视起来。记录多维度的数据，分析客户的特点，进行市场细分研究，从而更好地把握网店的定位。

② 有助于提升新老客户满意度和忠诚度。一般来说，品牌、价格和质量是驱动客户购买的三大因素，而现在又有调查显示“四驱动力”的作用明显增强，即在前面所说的三大因素基础上又增加了“服务和支持”因素。21 世纪是服务竞争的时代，服务已经成为开拓市场的利器。实施有效的客户关系管理，可以更好地为新老客户服务，从而提升客户的满意度和忠诚度。因为客户数据库可以记录分析客户的各种个性化需求，商家利用这个数据库可以向每一位客户提供“一对一”的商品和服务，而且商家还可以根据客户的不同交易记录提供不同层次的优惠措施，鼓励客户长期光顾并推荐新的客源。

③ 有助于缩减销售成本，增加销售收入。在缩减销售成本方面，客户关系管理使销售和营销过程自动化，可以大大降低销售费用和营销费用。由于客户关系管理使网店与客户产生高度互动，可帮助网店实现更准确的客户定位，留住老客户、获得新客户的成本显著下降。开发一个新客户的成本远远大于维护老客户的成本，向老客户追加销售或交叉销售，可以节约在门户网站做广告的费用。在增加销售收入方面，由于在客户关系管理过程中掌握了大量的客户信息，因此可以通过数据挖掘技术，发现客户的潜在需求，实现交叉销售，建立额外的新收入来源。并且，由于采用了客户关系管理，可以密切商家与客户的关系，增加订单的数量和频率，减少客户的流失。

### 14-4-3 网店客户关系管理策略

网店进行客户关系管理，可以从以下几个方面入手。

① 建立属于自己的客户数据库。一笔交易达成之后，客户留下的不仅仅是钱，还有电话、地址、邮箱甚至生日等信息。商家要尽可能地收集客户的个人信息和喜好，特别是用户名、电子邮件或 QQ 号，因为这是零成本与老客户沟通联系的方式。按不同的客户类别进行分类，建立一张客户资料表，提交客户数据到数据库中。

② 重视售后追踪服务。通过为客户建档，利用网络的强大优势，对客户提供终身的售后服务。良好的售后服务永远是留住客户的好方法。在越来越激烈的市场竞争中，再也不能认为把商品卖出去就万事大吉了。在电子商务环境下，对客户的服务不再是当客户提出某种要求时网店的被动反应，而是网店积极地为客户着想，这样才能使客户真正体会到“上帝”的感觉。例如，在商品卖出去后一定时间内进行使用感受回访，主动为客户提供一些和商品相关的保养知识，在客户投诉的时候快速地响应和处理，只有这样，才能让客户满意，客户才可能继续回购或将网店推荐给亲朋好友。

③ 注重与客户的情感沟通。不论是在传统商务环境下，还是在电子商务环境下，与客户建立良好的关系都是客户关系管理的关键。在电子商务环境下，客户一

般是在互联网上与网店进行业务往来的，网店工作人员与客户的直接接触很少，主动与客户进行情感沟通就显得更加重要。在电子商务环境下，与客户进行情感沟通要充分利用网络。例如，当遇到客户生日或重要节日时，可以给最近所有要过生日的客户发送一封慰问的电子邮件，里面附上一些特意为客户挑选的打折的生日或节日礼物等带有刺激性的促销信息。如果网店有新款商品，可以给所有的客户群发一个温馨提示，告诉客户出新款的信息。在沟通中应该尽量多提起与客户有关的事情，如喜好、习惯等，让客户觉得自己很受重视。

④ 流失客户访谈。商家都知道失去一个老客户会带来巨大损失，需要网店再开发很多新客户才能弥补。但当问及客户流失的原因时，很多商家都一脸迷茫。网店商品质量不稳定、网店缺乏创新、被竞争对手吸引走、服务细节的疏忽、沟通不畅，都可能导致客户流失。根据客户档案，商家能很方便地查到有哪些客户很久没有来网店购买商品，可以通过适当的方式进行客户访谈，了解客户不再光顾的原因，然后有针对性地进行网店、商品及服务的改善，争取挽回流失的客户。

# 15 处理客户投诉问题

客户投诉，这是每个经营网店的商家都会遇到的，而如何合理地处理客户投诉，化解与客户之间的矛盾，减少投诉对网店的影响，是每一个客服人员都应该掌握的技能。

处理投诉问题不仅是避免给商家带来麻烦，更重要的是希望通过有效处理投诉，能够挽回客户对网店的信任，使网店的口碑得到良好的维护，有更多的“回头客”，从而化“危机”为“契机”。

## 15-1 明确客户投诉的原因

明确客户投诉的真正原因是圆满解决客户投诉的关键所在。只有找到了客户投诉的确切原因，才好对症下药。一般来说，客户投诉，无外乎以下几种原因。

### 15-1-1 商品原因

商品原因引起的投诉主要是由于商品的品种不齐全、功能欠缺、有重大质量问题或者无法发挥原有的功能、给客户提供了错误的信息、没有按照客户的要求提供商品等。比如，商家提供给客户的商品说明书是其他商品的说明书，导致客户不知怎么样使用商品；商家邮寄给客户的商品是其他型号的商品，导致客户无法使用该商品；客户购买商品后，发现商品的质量不好，或者商品已经变坏、变质，或者商品已经失效，没有品质保障了；客户发现商品是以次充好、以假充真，商品存在严重质量问题，导致商品在使用的时候出现故障；没有如期给客户提供商品，给客户带来了很多不便和麻烦等。

### 15-1-2 服务原因

服务问题引起的投诉主要是由于客服在回答客户的问题时，不理会客户的询问，或者不耐烦、敷衍了事，对客户冷漠、爱答不理等，这些都会使客户感到不满而投诉。

### 15-1-3 客户自身的原因

因为客户自己对网店的商品或服务缺乏了解而产生误会，会造成无效投诉。商家对这样的投诉应该表现得大度，尽量耐心地向客户进行解释，帮助客户解决实际问题，这样不仅能使客户的问题得到解决，而且还能培养客户的忠诚度。

### 15-1-4 网店内部的原因

由于网店内部体系出现问题，不能正常运转，也会引起客户的不满，降低客户的满意度。客户经常会埋怨销售部门承诺得太多、太好，而服务部门提供得太少、太差。例如，网店没有足够的资金和能力购买相关的材料或提供相关的服务；客服人手不够导致服务质量下降；各部门的职责不明，出现问题时相互推脱、相互指责等。

### 15-1-5 客户的期望值得不到满足

客户在网店购买商品时，对商品本身和网店的服务都抱有良好的愿望和期盼，如果这些愿望和要求得不到满足，就会失去心理平衡，由此产生抱怨和想“讨个说法”的行为，这就是客户投诉的重要原因之一。

客户投诉与期望值有很大关系，主要表现在以下几个方面。

① 不切实际的宣传。销售人员或商家在进行宣传时，过分夸大效果，使商品或服务变得更加诱人，超过了客户的期望。一旦客户发现这些期望无法得到满足，就会产生抱怨，甚至投诉。

② 高于期望值的价格。客户在购买某一商品时，心中都会有一个预期的价格浮动值，如何通过有效的说服，让其在所能接受的价格最高上限成交，是销售成功

的关键。但若超过这个上限，就走向了反面，抱怨、不满就会产生。

③ 低于期望值的品质。客户购买的往往不只是某一商品，而是希望通过这一商品体验到某种附加价值，这种价值是要用品质来做保障的，若是品质出了问题，其他的都是“零”。

④ 低于期望值的服务。服务是经营的工具，“工欲善其事，必先利其器。”再好的商品，若没有好的服务来支持，也终将昙花一现。

除此之外，商业欺骗和工作差错也经常导致客户投诉。总之，处理客户投诉首先应认真挖掘客户投诉的原因，然后才能有针对性地解决。

值得提醒的是，因商品问题而引起的客户投诉，责任在谁，应该追究清楚。一般来说，导致客户投诉的原因，一方面是网店的责任。网店提供的商品质量不符合商品标准的规定，不具有商品应该具有的功能、性能、用途等，比如，空调不能制冷、手机的显示屏损坏等。另一方面是客户的责任，由于客户没有按照客服或商品说明书的要求使用，造成商品出现问题。即便是客户的责任，商家应该认真分析客户为什么使用不当，比如，说明书不便于操作、客服没有说明白等。若想处理好投诉让客户满意，并使其长期购买本店商品以实现共赢，客服就必须事先搞清楚客户投诉的真正原因，并根据原因有效地处理客户投诉。

## 15-2 针对性解决客户投诉的问题

在经营网店时，商家不仅要尽量降低客户的流失率，还要努力提升客户的复购率，以此来降低运营成本，提高网店的整体利润。

面对客户投诉时，客服人员要首先平息客户怒气，通过适当的解决方案来化解矛盾，提升客户满意度，同时提升客户忠诚度和复购率。具体来说，可以从以下几方面入手。

### 15-2-1 快速反应

客户投诉时通常来势汹汹，这时，客服要第一时间做出反应，避免拖拉引起客户更大的不满。客服要体贴地表示乐于提供帮助：“让我看一下该如何帮助您，我很愿意为您解决问题。”自然会让客户感到服务有了保障，从而进一步消除对立情绪，集中精力考虑如何解决问题。

在沟通过程中，客服要记下客户的问题，及时查询问题发生的原因，帮助客户解决。有些问题不能马上解决，也要告知客户会尽快进行处理，体现出解决问题的诚意，平息客户的怒火。

### 15-2-2 妥善沟通

当客户质疑商品或服务时，要站在客户的立场理解客户的问题。因为商品或服务出现问题给客户带来损失和不便，所以客户表示不满是正常的，要对客户的心情表示理解。“对不起”或“很抱歉”并不一定表明犯了错，只是表明对客户不愉快经历的遗憾与同情。当然也需要学会运用一些方法，主动引导客户把关注点转移到建设性的解决方案上，化解客户的愤怒。

### 15-2-3 解决问题

遇到客户投诉，最重要的是解决问题，将损失降到最低，而不是追究责任。当然也要明确投诉原因，做好应对措施，避免投诉再次发生。

如果是网店自身的原因，一定要主动担当，相比客户的索赔，一个客户的终身价值更加重要。

如果客户有责任，也要委婉地指出来。不说的话，客户会认为都是网店的错，索赔的期望会很高，事后评价也未必很高。

如果能够安抚客户，让客户满意的前提下，又赢得了客户的信任，争取到利益，则是更好的结果。

作为商家，应重视建立和维护客户的忠诚度，力求与客户建立并维持长期的关系。

### 15-2-4 安慰并感谢客户

感谢客户是最关键的一步，这一步是维护客户的重要手段和技巧。客服可以通过以下四句话来表达对客户的安慰和感谢。

第一句话：再次为给您带来的不便表示歉意。

第二句话：感谢您对于我们的信任和惠顾。

第三句话：向您表达谢意，是您的反馈让我们发现问题，知道自己的不足。

第四句话：请您放心，我们会努力改进工作。

**案例 1**

某购物广场的客户服务中心接到一起客户投诉，客户反馈说，从商场购买的某品牌酸牛奶中喝出了苍蝇。投诉的内容大致是：客户李女士从商场购买了某品牌酸牛奶后，去一家餐馆吃饭，吃完饭后李女士随手拿出酸牛奶让自己的孩子喝，自己则在一边跟朋友聊天，突然听见孩子大叫："妈妈，这里有苍蝇。"李女士寻声望去，看见孩子喝的酸牛奶盒里（当时酸牛奶盒已被孩子用手撕开）有只苍蝇。李女士当时火冒三丈，带着孩子来商场投诉。正在这时，商场值班经理看见了便走过来说："你既然说有问题，那就带孩子去医院，有问题我们负责！"李女士听到后，立即生气地大声喊道："你负责？好，现在我让你去吃10只苍蝇，我带你去医院检查，我来负责好不好？"边说边在商场里大喊大叫，并口口声声说要去消协投诉，引起了人们的围观。

该购物广场客户服务中心负责人知道后马上前来处理，先是让值班经理离开，又把李女士请到办公室交谈，一边道歉一边耐心地询问事情的经过。

询问重点：

① 发现苍蝇的地点，确定餐厅卫生情况。

② 确认当时酸牛奶的盒子是撕开状态而不是只插了吸管的封闭状态。

③ 确认当时是李女士的孩子先发现苍蝇的。

④ 询问以前购买此品牌酸牛奶时有无相似情况。

在了解了情况后，商场方提出了处理建议，但由于客户对值班经理"有问题去医院检查，我们负责"的话一直耿耿于怀，不愿接受道歉与建议，交谈僵持了两个多小时，依然没有结果，最后商场负责人只好让李女士留下联系电话，提出换个时间与其再进行协商。

第二天，购物广场客户服务中心负责人给李女士打了电话，告诉李女士：商场已与此品牌牛奶公司取得联系，此品牌酸牛奶的生产全过程是在无菌封闭的操作间进行的，希望能邀请李女士去牛奶厂家参观了解，并提出本着商场对客户负责的态度，如果客户要求，商场可以联系相关检验部门对苍蝇的死亡时间进行鉴定与确认。由于李女士接到电话时已经冷静下来了，而且也感觉商场负责人对此事的处理方法很认真严谨，所以态度缓和了许多。这时商场又对值班经理所说的话表示了道歉，并对当时李女士发现苍蝇的地点——环境并不很干净的小饭店，时间——孩子先发现的，包装——酸奶盒没封闭，已被孩子撕开等情况做了分析，让李女士知道这一系列情况都不排除苍蝇落入（而非酸牛奶本身带有）酸牛奶的情况。

通过商场负责人的不断沟通，李女士终于不再生气了，最后告诉商场负责人：他们其实最生气的是那位值班经理说的话，既然商场对这件事这么重视并认真负责处理，所以他们也不会再追究了，他们相信苍蝇有可能是孩子喝酸牛奶时从空中掉进去的。李女士说："既然你们这么认真地处理这件事，我们也不会再计较，现在就可以把购物小票撕掉，你们放心，我们会说到做到的，不会对这件小事再纠缠了。”

从这个案例可以看出，购物广场客户服务中心负责人对此事的处理方法有效地缓解了客户的怒气，使问题得到顺利解决。当客户出现不满时，应该第一时间与客户沟通，对客户进行安抚，态度一定要诚恳和谦恭，进行调查是必要的，但目的不是明确责任在谁，而是找出解决问题的有效方案。

收到客户投诉，对某些商家来说是一件深感头疼的事。但也有的商家认为投诉是一种宝贵的信息资源，是商家开发新商品、开拓新市场的好契机。

即使最优秀的网店也不可能保证其商品或服务尽善尽美，出现客户投诉是难免的。重要的是从客户投诉中及时发现并修正商品和服务中的不足或失误，不断提升商品质量和服务能力，促使自己快速茁壮成长。

# 16 商家钱款申诉认证

淘宝卖家在与买家完成交易后，本来想着买家收到货，自己就能顺利收到钱了，但是在这个过程中会经常遇到很多问题，导致钱款不能合理处理，其实卖家也不用太担心，遇到纠纷可向淘宝平台进行申诉。（本章主要介绍《淘宝平台争议处理规则》，为统一叙述，将客户统称为买家，将商家统称为卖家。）

## 16-1 钱款申诉介绍

### 16-1-1 钱款申诉的定义

钱款申诉是指由淘宝平台介入并处理完毕后，商家对于钱款处理结果不认可从而向淘宝平台申诉的过程。

钱款处理结果基于凭证信息、交易事实。依据《淘宝平台争议处理规则》判定钱款如何处理，处理结果分为：驳回售后服务、仅退款、退货退款。

驳回售后服务指的是驳回买家发起的服务申请，交易款项会支付给卖家。

仅退款指的是无需退货，只需要退款。

退货退款指的是需要退货，也需要退款。

### 16-1-2 钱款申诉的受理或不受理范围

**(1) 受理范围**

由淘宝平台介入判决部分退款/全额退款给买家，且在退款完毕 15 天内的交易。

(2) 不受理范围

① 淘宝平台未介入过的交易。

② 淘宝平台介入处理但最终结果是“驳回售后服务”的交易。

③ 淘宝平台介入处理但最终卖家自主/超时退款成功的交易。

④ 买卖双方进行虚假交易或利用信用卡、花呗等实施套现行为的交易。

⑤ 禁售品、假冒商品等做退款处理后，因卖家需要取回商品产生争议的交易。

**(3) 常见钱款申诉不成立场景**

属于上述钱款申诉的受理范围，包含但不限于以下申诉场景的，申诉不成立。

① 淘宝平台在交易处理过程中已经要求卖家举证并说清楚了举证要求，但卖家未在规定时间内举证或者举证无效且未做说明的，交易判决完毕后卖家表示可重新提供凭证要求重新处理的，申诉不成立。

② 因卖家提供的服务低于淘宝平台基本服务要求做退款处理的，卖家表示自己已经提前通过阿里旺旺告知买家相关风险不认可处理结果的，申诉不成立。

③ 卖家在买家退货前已经知晓商品问题且同意买家退货，若以相同问题拒绝退款给买家，则交易判决退款后卖家来申诉的，申诉不成立。

④ 买卖双方因“七天无理由退换货”之外的情况达成退货退款协议的，买家退货后商品的破损风险由卖家承担。若买家已明确提供商品质量问题凭证的，买家退货后商品的破损、损毁、灭失风险由卖家承担，不支持申诉。

### 16-1-3 钱款处理方向与纠纷判责方向的区别

钱款处理方向与纠纷判责方向是淘宝平台对同一笔纠纷介入在两个不同维度的处理结果，两者是独立的。

钱款处理方向是基于凭证信息、交易事实，依据《淘宝平台争议处理规则》判定钱款的处理结果，处理结果分为：驳回售后服务、仅退款、退货退款。

纠纷判责方向是基于凭证信息、交易事实，判断卖家纠纷介入过程中是否存在应尽未尽的义务；如果存在应尽未尽的义务，那么会判定卖家责任；如果不存在应尽未尽的义务，那么不会判定卖家责任。

根据上述规则，纠纷判则判定为卖家责任的，不意味着钱款处理方向上支持的一定是买家；纠纷判责判定为非卖家责任的，也不意味着钱款处理方向上支持的一定是卖家。例如，肉眼可识别的质量问题，在淘宝官方介入之前，买家没有提供有关质量问题的凭证，在淘宝官方介入之后，买家提供了凭证且有效，此时卖家也同意退款，故在钱款方面，会支持退货退款，但在纠纷判责方面，不会判卖家责任(因为在淘宝官方介入之前买家没有提供凭证，不能默认为卖家责任)。

## 16-2 《淘宝平台争议处理规则》

为规范买卖双方的交易，及时解决交易过程中发生的争议，淘宝制定了《淘宝平台争议处理规则》，下面节选其中的条款进行介绍。

### 16-2-1 争议处理涉及的概念

《淘宝平台争议处理规则》中对争议处理中涉及的概念进行了定义，如下所示。

① 运费，指发货/退货所产生的必要费用，如商品拆卸、打包、加固、搬运等相关费用以及运输费用等。

② 退货退款，是指在卖家签收买家的退货后，交易款项支付给买家。

③ 部分退款，是指交易款项部分支付给买家，余款打款给卖家。

④ 退款，是指交易款项支付给买家，商品由卖家自行和买家协商处理。

⑤ 打款，是指交易款项支付给卖家。

⑥ 破损，是指商品的一般性损伤，经简单修复后仍可恢复全部使用功能或不影响核心功能的使用。

⑦ 损毁，是指商品严重受损，无法予以修复或修复后其核心功能已不具有使用价值。修复成本接近商品价值的，亦视为损毁。

⑧ 交易成功，是指订单状态显示“交易成功”。

⑨ 质量问题，是指卖家所出售的商品存在违反产品质量法等相关法律法规或淘宝品质类相关规则要求的情形。

⑩ 表面不一致，是指凭肉眼即可判断交易商品存在破损、少件、空包等情形。

⑪ 描述不当，是指实物商品或服务，或经淘宝官方抽检、排查到的商品存在与卖家描述不相符，或卖家未对商品瑕疵等信息进行披露等情形，妨害买家权益的行为。

⑫ 承运人，是指负责商品运输的快递或物流一方。

⑬ 三包，是指卖家依照国家或浙江省颁布的相关法律法规，或淘宝公示的相关规则履行商品修理、更换、退货的责任与义务。

### 16-2-2 争议处理的通用原则

《淘宝平台争议处理规则》对不同情景的争议给出了处理原则。

① 举证责任分配原则。

第八条 争议过程中，买卖双方应当按照本规则规定的内容进行举证。本规则未有规定或淘宝发现双方的交易或一方账号异常的，淘宝将视双方实际情形做出举证责任分配。

② 凭证的举证要求及审核原则。

第九条 买卖双方应当自行对证据的真实性、关联性、完整性、准确性和及时性负责，淘宝将依照普通人的认知水准及日常经验依据等证据做出纠纷责任的归属认定及纠纷调处的结论。

③ 临保商品处理原则。

第十二条 卖家应对出售临近保质期的食品事先予以显著明示或征得买家同意，未予显著明示或征得买家同意的，买家有权拒签或要求退货。

买家将退货商品交付承运人后，若商品损毁或灭失时已过期，风险仍由卖家承担。

④ 约定不明的争议处理原则。

第七条 买卖双方就交易商品或服务有约定的，优先从约定；未约定或约定不明的，双方可协议补充；无法达成补充协议的，淘宝将按照本规则进行处理，本规则有特别规定的优先从特别规定。若仍无法确定争议责任归属的，淘宝将按照交易习惯处理或支持退货退款。支持退货退款的，发货运费由卖家承担，退货运费由买家承担。

⑤ 关于卖家格式条款的规则。

第十四条 卖家表述的对买家有重大利害关系的格式条款内容应当显著，且不得低于淘宝平台规则要求，同时不存在免除卖家自身应当承担的责任、加重买家责任、排除买家主要权利等内容，否则该条款无效。

⑥ 大量劣质商品的处理原则。

第十九条 卖家交付买家的商品存在大量严重劣质、大量货不对板情形的，经淘宝综合判断，有理由认为卖家无履行合同之意图的，视为卖家拒绝履约，交易支持退款。

⑦ 违法违规行为的处理原则。

第十八条 买卖双方进行虚假交易或利用信用卡、花呗等实施套现的，在交易未成功前，做退款处理。

⑧ 新闻曝光、平台抽检发现问题等商品的处理原则。

第二十条 卖家出售的商品被新闻媒体曝光、国家质监部门等行政管理部门通报，或经阿里平台抽检或排查确认系描述不当、质量不合格应当召回的，卖家需主动并及时发起召回，交易支持退货退款。卖家对商品批次提出异议的，应当提供相关证据予以证明。

### 16-2-3 发货规范

#### (1) 有关“发货”的规定

第二十二条 本规则所称的“发货”，具体按如下情形认定：

（一）承运人官网系统内有记录时间的，以该时间为准。

（二）尚不具有系统记录条件的承运人，按其提供承运面单上填写的日期和卖家“点击发货”的日期相较，取晚者。

例如，卖家采用A物流公司发货，该物流公司无网上查询系统，物流承运面单上发货日期显示为9月1日，卖家“点击发货”日期为9月2日，则发货时间按9月2日认定。

卖家采用B物流公司发货，卖家“点击发货”日期为9月2日，物流公司官网显示揽件时间为9月3日，则发货时间按9月3日认定。

**（2）擅自合并发货问题**

第二十三条　卖家对每个独立生成并付款的交易订单(非购物车合并付款的订单)应予单独发货，除特殊情形外，若未征得买家同意，不得合并成一个包裹发货。否则，买家签收后主张商品少件的，由卖家负举证义务。

**（3）未按约定时间发货和强行发货问题**

第二十四条　卖家超过约定的发货时间或买家申请退款时尚未发货的，卖家应当在征得买家同意后再发货。

**（4）自提需事先约定问题**

第二十五条　卖家应当将商品送达至买家订单收货地址并交由收件人本人签收，需买家至指定地点提取的，应当事先予以显著明示或征得买家同意。本规则另有规定的，从其规定。

**（5）约定特定承运人问题**

第二十六条　卖家承诺或买卖双方约定采用特定的承运人运送商品的，卖家应按照承诺或约定履行。否则，非包邮订单且买家已签收商品的，可要求卖家退还买家已支付的运费。

**（6）擅自使用到付发货问题**

第二十七条　卖家使用运费到付方式发货的，应事先明确承运人和运费事宜，并征得买家同意。买家要求卖家采取到付方式发货的，应当自行和卖家明确承运人及运费事宜。

**（7）卖家违反发货规范的争议处理**

发货规范的主要内容包括：未按约定时间发货、强行发货、擅自要求买家自提、擅自发货到付款等。

第二十八条　卖家违反发货规范导致买家未收到商品或拒收商品的，由此产生的相关费用及商品损毁或灭失风险，由卖家自行承担，交易作退款处理。

第二十九条　卖家违反“发货规范”，支持买家退货退款。

第三十条　卖家违反“发货规范”但买家已实际使用商品或点击“确认收货”的，买家以卖家违反发货规范为由而主张退货退款的，应当和卖家协商一致，否则淘宝将不予支持。因卖家的不正当行为诱使买家确认收货的情形除外。

### 16-2-4 签收规范

**(1) 关于变更收货信息的处理**

第三十二条 买家需变更收件信息中任一要素的，应征得卖家同意。卖家同意后实际未变更成功，商品仍按变更前的收件信息被签收，买家主张未收到商品的，经淘宝判断若变更前和变更后的收件信息和买家无显著关联的，交易支持退款买家，由卖家承担商品相应风险。

**(2) “本人签收”的认定**

第三十三条 卖家发货或买家退货后，收件人应当亲自签收商品。收件人委托他人签收商品或承运人已按收件人的指示将商品置于指定地点的，视为收件人本人签收。

**(3) 未收到货的举证责任分配**

第三十五条 买家主张未收到商品或卖家主张未收到买家退货的，由相对方承担举证责任，举证无效的，支持退款买家或打款卖家。

例如，买家主张未收到货，而卖家主张买家已收到货，需要卖家提供有效的买家本人签收凭证(本人签收底单、授权第三方签收凭证、买家阿里旺旺承认已收到货物的截图)，之后淘宝有权与物流公司核实并以物流官方回复作为处理依据。

**(4) 表面不一致场景争议处理**

第三十四条 收件人应在承运人交付商品时，当场检视商品表面是否一致。若发现商品表面不一致，可予以拍照并拒签，若交易系卖家发货则支持退款买家；若系买家原因退货，则支持打款卖家，商品相关风险由相对方承担。

### 16-2-5 退货、换货规范

**(1) 卖家退货地址问题**

第三十七条 卖家应对自行填写的默认退货地址确保正确，交易达成退货协议后，若需要指定退货地址或多地址退货的，应当征得买家同意。否则，买家可选择按淘宝系统给出的退货地址进行退货，退货后商品无法送达的风险由卖家承担，交易支持退款买家。

**(2) 退货时间问题**

第三十九条 买卖双方线下达成退货协议的，买家应在系统规定的退货时间内进行退货。买家因超时未退货，对同一问题或维权原因再次主张要求退货的，应自行和卖家协商一致，否则，淘宝有权不予处理。

**(3) 违反退货、换货规范的处理**

第四十三条 卖家违反“退货、换货规范”致使买家无法完成退换货或商品已不适宜退货，交易支持退款。

第四十四条 买家违反“退货、换货规范”致使卖家未收到退货或拒签的，交易支持打款，由买家承担商品损毁或灭失的风险。

**(4) 退货风险承担规则**

① 卖家同意买家非七天无理由退货退款的处理原则。

第十一条 除特殊规定外，交易做退货退款处理的，或卖家同意退货协议但无确切证据证明卖家有责的，买家将退货商品交付承运人后，商品的破损风险由卖家承担；商品的损毁、灭失风险由买家承担，买家有权向承运人求偿。若卖家在同意退货协议时附有合理条件的，买家退货应当符合该条件。

第四十二条 买家使用到付方式退货或卖家要求买家使用到付方式退货的，应事先征得对方同意，并自行和对方明确承运人和运费事宜。买家申请七天无理由退、换货的，根据淘宝公示的七天无理由退、换货相关规则执行。

② 商品瑕疵问题的处理原则。

第五十六条 商品存在一定瑕疵但尚未影响买家合同目的实现的，买家将退货商品交付承运人后，商品破损的风险由卖家承担，交易支持退款；若商品出现损毁、灭失情形的，交易支持打款，买家有权向承运人求偿。

③ 商品质量问题的处理原则。

第五十四条 商品因质量问题致使买家合同目的不能实现的，买家将退货商品交付承运人后，商品破损、损毁、灭失的风险由卖家承担，交易支持退款。

④ 不宜退货原则。

第二十一条 买家退货前若商品性质已不适宜退货，则作退款处理。

**(5) “七天无理由退换货”规范**

买家在签收商品之日起七天内，对支持“七天无理由退换货”且符合商品完好标准不影响二次销售的商品，可向商家发起七天无理由退货或换货申请。

例如，买家 3 月 5 日签收商品，在 3 月 11 日向卖家反馈商品存在性能故障，3 月 15 日出具质量检测报告证实性能故障属实。从买家签收商品第二天算起，到反馈商品存在性能故障，即从 3 月 6 日至3 月 11 日共 6 天，符合“七天无理由退换货”规定的时间，故由卖家履行退货退款义务。

**案例 1**

卖家小钱收到关于网店内一款礼服的退货退款申请，理由是“不喜欢/不想要”。小钱拒绝了买家的退货，因为他已在网店所有商品的详情页面的中间位置用加粗加大的字体进行了描述：如收到礼服不满意，请于 24 小时内联系客服索要地址并寄回，而买家签收 5 天后才申请退货退款，所以小钱拒绝了买家的退货要求。淘宝平台介入后，判定买家可以退货退款。小钱对处理结果不认可，发起申诉。淘宝平台受理申诉后，认为小钱单方约定的退货时间低于淘宝“七天无理由退换货”的规则要求，故申诉不成立，小钱应该给买家退货退款。

如何理解“商品完好”与“不影响二次销售”？从商品使用痕迹来说，“不影响二次销售”一定满足“商品完好”，但“商品完好”不一定满足“不影响二次销售”。七天无理由退回的商品很大可能必须返厂，不能再次直接进入市场销售。对于符合“七天无理由退换货”的商品，《淘宝争议处理规则》要求买家保持“商品完好”。具体标准可参考《七天无理由退换货规范》（https://rule.tmall.com/tdetail-5408.htm）或《淘宝网七天无理由退货规范》（https://rule.taobao.com/detail-5507.htm）。

### 16-2-6 运费规范

**(1) 自行达成协议的运费承担方**

第四十五条 买卖双方在淘宝官方介入前自行达成退换货或维修协议但未就运费事宜进行说明或约定的，则由卖家承担运费。淘宝官方介入后，买卖双方的运费争议将根据“谁过错、谁承担”的原则处理；双方各有过错的，由先有过错的一方承担。

**(2) 卖家擅自使用到付方式发货的运费承担**

第四十六条 卖家未经买家同意采取到付方式发货的，买家可以选择拒签商品或签收商品后要求卖家承担到付产生的运费。

**(3) 买家擅自使用到付方式退货的运费承担**

第四十七条 买家未经卖家同意采取到付方式退货且卖家予以签收商品的，若退货运费本由买家承担的，则该到付产生的运费由买家承担。

例如，买家七天无理由退货，未经卖家同意直接采取运费到付，卖家支付运费10元并签收商品，则该10元运费由买家承担。

**(4) 发货地与退货地不一致的运费承担**

第四十八条 交易由买家承担退货运费时，若卖家提供的退货地址和商品页面中“运费”或“配送”版块显示的发货地不一致，导致买家退货的运费高于按该发货地进行退货的运费，其差额由卖家承担。

**(5) “七天无理由退换货”的运费承担**

第四十九条 支持七天无理由退货的商品，买家七天无理由退货或无理由拒签的：

若为非包邮商品，或买家部分退货致使无法满足包邮条件的，所有运费均由买家承担；

若为包邮商品，买家仅承担退回运费，买家滥用会员权利的，所有运费均由买家承担。

第五十条 支持七天无理由换货的商品，买家七天无理由换货的，由买家承担换货所产生的所有运费。双方另有约定的，从其约定。

### 16-2-7 质量问题、假冒商品争议处理

**(1) 肉眼可识别质量问题的举证**

第五十一条 买家主张商品存在质量问题系肉眼可识别的，应提供初步凭证予以证明。

买家未提供初步凭证的，交易支持打款。

买家已提供凭证且淘宝初步认定的，卖家应针对买家给出的初步凭证作出淘宝认可的合理解释或提供证据证明不存在质量问题。卖家已提供有效凭证的，买家应按淘宝要求及时提供有效的质检凭证或其他有效凭证。买家无法提供的，交易支持打款；卖家未提供的，淘宝将认定质量问题属实。

**(2) 肉眼不可识别质量问题或假冒商品的举证**

第五十二条 买家主张商品存在质量问题系肉眼不可识别的或系假冒商品的，卖家应按照淘宝的要求，提供厂家的经销凭证、报关单据(进口商品)、产品合格证、商业发票、执行标准等相关凭证以证明商品来源或出厂合规。

卖家无法提供的，交易支持退货退款。

卖家已提供有效凭证的，买家应按淘宝要求及时提供有效的质检凭证或其他有效凭证。买家无法提供的，交易支持打款；买家提供相应凭证的，淘宝将认定商品质量问题或假冒属实。

**(3) 质量问题、假冒商品的争议处理**

第五十三条 淘宝认定卖家出售的商品质量问题属实的，卖家应按照法律规定或淘宝平台相关规则承担退货、更换、维修等义务。若无相关规定，交易支持退货退款。

**(4) 检测费用承担规则**

第五十七条 应淘宝要求，商品经买家送检后证实为质量问题的，检测费用由卖家承担，若被检商品因检测而被物理破坏导致无法退货或无退货价值的，交易支持退款。

第五十八条 非应淘宝要求，买家仍将商品送检的，检测费用由双方自行协商处理。

### 16-2-8 描述不当和表面不一致争议处理

**(1) 举证责任分配**

① 买家主张描述不当系肉眼可识别问题举证。

第五十九条 买家主张商品存在描述不当系肉眼可识别，应当提供初步凭证予以证明，淘宝有权根据买家提供的凭证初步认定存在描述不当，卖家应当对买家提供的凭证做出淘宝认可的合理解释或提供证据证明不存在描述不当，否则淘宝将认定描述不当属实。

② 买家主张描述不当系肉眼不可识别问题举证。

第六十条 买家主张商品描述不当系肉眼不可识别的，淘宝将参照本规则“商品质量问题”条款进行举证责任分配。

③ 表面不一致问题举证。

第六十一条 买家主张商品存在表面不一致的，卖家应就收件人已按本规则“签收规范”之规定签收商品承担举证责任；卖家举证有效的，则由买家举证证明商品签收时即存在表面不一致情形。

第六十二条 买家主张商品存在表面不一致但已点击“确认收货”的，买家对主张商品存在表面不一致情形负举证责任。因卖家的不正当行为诱使买家确认收货的情形除外。

**(2) 争议处置**

① 描述不当、肉眼可显著识别的争议处理。

第六十三条 商品的描述不当系无需使用，肉眼即可显著识别的，若商品完好，交易支持退货退款；若买家已经使用且影响商品完好的，交易支持打款。

② 描述不当、卖家违反广告法的争议处理。

第六十四条 卖家对商品或服务的描述存在违反广告法情形，或买家需使用商品后方能察觉该商品描述不当的，交易支持退货退款。若描述不当导致买家无法使用商品核心功能或完全无法使用商品的，买家将退货商品交付承运人后，商品的破损、损毁、灭失风险由卖家承担。

③ 表面不一致问题。

第六十五条 买家已证明商品签收时存在表面不一致的，买家可视商品性质及损失大小合理选择要求卖家承担补寄、换货、退货等违约责任。卖家拒绝承担该等违约责任的，交易支持退货退款。

④ 表面不一致问题退货风险。

第六十六条 卖家已证明买家签收商品时不存在表面不一致情形的，交易支持打款。

第六十七条 商品因签收时存在破损，致使交易作退货退款处理的，买家将退货商品交付承运人后产生的商品损毁、灭失风险由卖家承担，交易支持退款。

### 16-2-9 中止和恢复争议处理程序

第六十八条 淘宝处理争议期间，出现以下任一情形的，淘宝将中止争议处理程序：

（一）买卖双方一致要求中止，并约定期限自行协商处理争议。

（二）任何一方通知淘宝要求将争议提交司法机关或拟向公安机关报案。

第六十九条 出现以下任一情形的，淘宝将恢复争议处理程序：

（一）买卖双方自行协商处理争议的，应当在程序中止后30日内自行操作交易款项，或向淘宝提供协商结果，由淘宝代为操作，逾期买卖双方既未操作交易款项也未告知协商结果。

（二）一方通知淘宝要求通过司法机关解决争议或拟向公安机关报案的，未在通知淘宝后的7个工作日内向淘宝平台提供司法机关或公安机关的案件受理凭证。

（三）争议被司法机关撤诉。

（四）司法机关对争议做出判决且生效。

（五）公安机关受理案件后的六个月后仍未对案件给出调查结论或处理建议。